Linguistische Inhalte im Deutschunterricht

Studentische Stimmen zu einem umstrittenen Thema

Björn Rothstein (Hg.)

Björn Rothstein (Hg.)

LINGUISTISCHE INHALTE IM DEUTSCHUNTERRICHT

Studentische Stimmen zu einem umstrittenen Thema

ibidem-Verlag
Stuttgart

Bibliografische Information der Deutschen Nationalbibliothek
Die Deutsche Nationalbibliothek verzeichnet diese Publikation in der Deutschen Nationalbibliografie; detaillierte bibliografische Daten sind im Internet über http://dnb.d-nb.de abrufbar.

Bibliographic information published by the Deutsche Nationalbibliothek
Die Deutsche Nationalbibliothek lists this publication in the Deutsche Nationalbibliografie; detailed bibliographic data are available in the Internet at http://dnb.d-nb.de.

∞

Gedruckt auf alterungsbeständigem, säurefreien Papier
Printed on acid-free paper

ISBN-10: 3-8382-0133-7

ISBN-13: 978-3-8382-0133-7

Printed in Germany

Vorbemerkung

Ein notorisches Problem, ja eigentlich mehr eine Herausforderung für Lehrende in der germanistischen Sprachwissenschaft besteht in der Gestaltung von Veranstaltungen für Lehramtsstudierende. Hier prallen zum Teil – je nach Ausrichtung der betriebenen oder zu betreibenden Linguistik – Welten aufeinander. Wer etwa Generative Syntax unterrichtet, wird sich immer wieder die Frage nach dem Sinn solcher Lerninhalte für Lehramtsstudierende gefallen lassen müssen.

Einiges ist zu diesem prekären Thema geschrieben worden: So stehen Überlegungen zum Transferpotential eines solchen Wissens, Gedanken zum bekannten „Über den Tellerrand schauen" und zum forschenden Lernen und Lehren im Mittelpunkt. Um die Legitimation sprachwissenschaftlicher Inhalte im Lehramtsstudium soll es hier nicht gehen – sie erscheinen mir, wenn richtig und dosiert vermittelt, angesichts der Kompetenzstandards unverzichtbar. Pragmatisch wichtiger ist vielmehr, sich zu überlegen, was Studierende selbst mit diesen Inhalten anfangen und was sie daraus für den Deutschunterricht an Unterrichtsthemen gewinnen.

Daher sollen in diesem Bändchen Studierende mit ihren Unterrichtsvorschlägen zu Worte kommen und zeigen, dass trotz lauter Unkenrufe die Sprachwissenschaft selbst ein spannender Gegenstand des Deutschunterrichts sein kann. Es handelt sich um ausgewählte Beiträge einer Veranstaltung, die ich in Kooperation mit Frau SD Carmen Eisenhauer vom Tübinger Staatlichen Seminar für Didaktik (Gymnasien) im Sommersemester 2009 gehalten habe. Sie gehört vielleicht zu den anregendsten und herausforderndsten Veranstaltungen, an denen ich je mitgewirkt haben werde, da die Vorstellungen von Theorie und Praxis häufig sehr unterschiedlich waren. Zum Leser sprechen hier die studentischen Stimmen und er möge sie bitte behutsam und fair lesen.

Allen Beiträgern und Frau Eisenhauer sei herzlich für das gemeinsame stimulierende Nachdenken gedankt. Sandra Hiller und Corinna Reuter danke ich fürs Mit-Formatieren und Mit-Korrigieren.

Björn Rothstein – Bochum, im März 2010

Inhaltsverzeichnis

WEIL-V2-Sätze in der Schule.
Einblicke in den wissenschaftlichen Forschungsstand und die praktische Umsetzung

(Silke Bayer, Gerd Hessner, Kristin Maier, Thomas Weber)

1. Einleitung

Ein Begriff geistert in letzter Zeit wie kaum ein anderer immer wieder durch linguistische Fachmagazine und wird heiß in Aufsätzen diskutiert. Gemeint ist der Sprachwandel. Auch diese Arbeit beschäftigt sich mit dem Sprachwandel, genauer mit einem speziellen Phänomen innerhalb dieses Diskurses. Die Rede ist von kausalen Adverbialsätzen mit Verbzweitstellung, oder klarer, WEIL-Konstruktionen mit dem Verb an zweiter Stelle. Dieses Phänomen schlägt sich bisher zwar hauptsächlich in der gesprochenen Sprache nieder, jedoch sollte hinterfragt werden, warum dem so ist und ob sich dieses Phänomen auch in der Schriftsprache durchsetzen kann. Die Frage lautet also unweigerlich: „Geht die Nebensatzstellung im Deutschen verloren?“[1]

Dem muss noch hinzugefügt werden, dass diese Arbeit im Zuge eines Seminars zum Thema „Linguistik an der Schule“ erdacht und verfasst wurde, welches sich auf die Fahnen schrieb, den Grammatikunterricht in der Schule von der oft empfundenen dicken Staubschicht zu befreien und interessanter beziehungsweise alltagsbezogener zu gestalten. Somit lag es auf der Hand, ein Thema zu wählen, welches sich stark im Sprachgebrauch der Schüler niederschlägt - oft vollkommen unbewusst.

Der fachwissenschaftliche Teil der Arbeit gliedert sich somit wie folgt: Zunächst sollen Beispiele behandelt werden, welche die WEIL-Verbzweitstellung erforderlich machen. Dieser Sachverhalt wird jedoch auf eine weitere Ebene reduziert. Zum einen werden faktische WEIL-Sätze analysiert, also Sätze, die einen tatsächlichen Sachverhalt verhandeln, in der Literatur „real-world-causalities“ genannt, zum anderen nicht-faktische WEIL-Sätze. Des Weiteren sollen so genannte Operationen eingeführt werden, die zur Prüfung der Qualifikation einer WEIL-Verbzweitstellung dienen, gefolgt von einer Darstellung bestimmter Restriktionen für WEIL-Verbzweitsätze. Im Anschluss daran gilt es, die Frage nach der Einordnung der WEIL-Sätze in die Kategorien Koordination oder Subordination zu klären und die

---

[1] Vgl. dazu den gleichnamigen Aufsatz von Christian Küper (1991).

These einer Tendenz zur Syntaxvereinfachung zu diskutieren. Den Schluss des fachwissenschaftlichen Teils wird schließlich eine Darstellung von möglichen Vorteilen von WEIL gegenüber DENN und DA bilden.
Diese Arbeit enthält neben einem fachwissenschaftlichen Teil ein Kapitel zur Didaktisierung, in welchem überlegt wird, ob sich das Thema für den Unterricht eignet und wie es sinnvoll in diesen eingebettet werden kann. Dabei wird zunächst der Bezug zum Bildungsplan hergestellt, da dort die grundlegenden Vorgaben für Inhalte des Schulunterrichts in Bezug auf die zu erwerbenden Kompetenzen der SchülerInnen enthalten sind. Im Anschluss daran erfolgt eine didaktische Analyse entlang von Klafkis Fragenkatalog, durch welche das Thema als Unterrichtsgegenstand legitimiert werden soll. So werden verschiedene Bedeutungsebenen des Inhaltes für die Lernenden herausgearbeitet. Schließlich folgen Gedanken zu einer möglichen methodischen Umsetzung des Stoffes im Unterricht, die in jedem Fall aber nur als gedanklicher Anstoß zu verstehen sind.

2. Fachwissenschaftliche Analyse

2.1. Faktoren, welche die WEIL+Verbzweitstellung erfordern

Zunächst einmal soll eine kurze Differenzierung von faktischen und nicht faktischen Kausalsätzen gegeben werden. Folgt man dem Duden (2006: 2022), so ergibt sich sehr schnell die Unterscheidung zwischen dem „Grund“, der von faktischen WEIL-Sätzen konstituiert wird, und der „Begründung“, markiert durch nicht faktische WEIL-Sätze. Günthner (1993: 38) zieht jedoch bereits zu Beginn ihrer Arbeit ein weiteres Unterscheidungskriterium zu Rate. Sweetser folgend bezeichnet sie nicht faktische WEIL-Sätze als „non real world causalities“. In den folgenden Kapiteln sollen nicht faktische WEIL-Sätze noch einmal untergliedert und genauer untersucht werden. Dabei soll vor allem auf die Notwendigkeit der Verbzweitstellung eingegangen werden.
Betrachtet man die traditionelle Kausalbeziehung im Deutschen, so fällt auf, dass sich die Teilsätze folgendermaßen aufeinander beziehen: Im ersten Teilsatz wird ein Sachverhalt angesprochen, während der zweite Teilsatz mithilfe einer Ursache den Grund liefert, der zu dieser Feststellung führt. Die Teilsätze, welche mit WEIL eingeleitet werden, antworten somit immer auf die Frage: „Warum ist das so?“ (vgl. Duden 2006: 2022).

(1) Die Bundeskanzlerin macht den Menschen Mut, weil sie an ein neues Wirtschaftswunder glaubt.

WEIL-Sätze, die einen illokutionären Gebrauch aufweisen, besitzen ein vollkommen anderes Handlungsmuster. Sie beschreiben nicht den „Sachverhalt einer Bezugsäußerung“, sondern vielmehr die „Sprechhandlung“ selbst (vgl. Günthner 1993: 41).

(2) Ich habe das Geld genommen, weil – Sie hätten es ja sowieso rausgekriegt.

An diesem Beispiel wird ganz klar deutlich, dass der zweite Teilsatz in keinem Falle eine Begründung für die Proposition liefern kann. Die Person begründet mithilfe des zweiten Teilsatzes lediglich, warum sie an dieser Stelle ein Geständnis abliefert.
Günthner präzisiert diese Feststellung noch weiter, indem sie illokutionär verwendeten WEIL-Sätzen ein ganz bestimmtes Handlungsmuster zuspricht. Sie geht davon aus, dass die Lesart von Sprechaktqualifikationen immer folgende ist: „Ich fordere dich auf; beziehungsweise bitte dich; frage dich; beschimpfe dich + (Teilsatz A), weil (Teilsatz B)“ (vgl. Günthner 1993: 41).

(3) Hol mir bitte die Kanne da runter, weil – Ich kann gerade nicht aufstehen.
(4) Bist du nervös, weil – Du rauchst schon deine dritte Zigarette?

Was diese Beispiele verdeutlichen sollen, liegt auf der Hand. Zum einen bestätigt sich das von Günthner angesprochene Handlungsmuster, zum anderen können Teilsätze mit unterschiedlicher illokutionärer Kraft (Interrogativsatz; Imperativsatz + WEIL-Teilsatz) mittels einer Verbzweitstellung verbunden werden. „Dies weist auf die relative Unabhängigkeit der beiden Teilsätze hin, sie sind somit getrennt assertierbar“ (vgl. Günthner 1993: 41f.). An dieser Stelle lässt sich also festhalten, dass WEIL-Sätze, die eine Sprechaktqualifikation ausdrücken, in der Regel die Verbzweitstellung erfordern.
Mithilfe einer epistemischen Begründung kann der Sprecher ausdrücken, dass sein Wissen um einen bestimmten Sachverhalt zu einer Schlussfolgerung führt. Der Sprecher schließt hierbei von einem Symptom auf den Sachverhalt selbst. Küper (1991: 136) nennt diesen Zusammenhang treffend auch „diagnostischen Gebrauch“, da über das Symptom eine Diagnose aufgestellt werden kann.

(5) Der Bildschirm ist kaputt, weil – da ist nur noch schwarz auf dem Schirm zu sehen.

Ein propositionaler Gebrauch kann auch in diesem Beispiel keine geeignete Lesart liefern. Schließlich ist der Bildschirm nicht kaputt, weil das Symptom des schwarzen Bildschirms auszumachen ist, sondern beispielsweise, weil ein Kabel einen Wackelkontakt hat. Auch bei der epistemischen Begründung ist charakteristisch festzuhalten, dass beide Teilsätze „getrennt voneinander assertierbar sind" und somit beide Teilsätze „neue Informationen" enthalten, die nicht regelhaft aufeinander bezogen werden können (vgl. Günthner 1993: 42).

Einen weiteren Aspekt liefert folgendes Beispiel. Hieraus soll deutlich werden, dass die beiden WEIL-Konstruktionen in keinem Falle austauschbar sein können.

(6) Harry kommt später, weil – ich hab mit seiner Frau geredet.

(7) Harry kommt später, weil ich mit seiner Frau geredet habe.

Beide Sätze haben vollkommen konträre Aussagen. Beispiel (6) lässt an sich lediglich die Lesart zu, dass der Sprecher von Harrys Frau erfahren hat, dass Harry zu spät kommt. Beispiel (7) hingegen legt die Lesart nahe, dass das Gespräch mit Harrys Frau auch der Grund für Harrys Zuspätkommen ist. Die Verbstellung übt also klaren Einfluss auf das Verständnis des Satzes aus, wodurch beide Konstruktionen nicht austauschbar sind.

Während sich die bisher angeführten Beispiele niemals auf eine Proposition bezogen haben, sind die faktischen WEIL-Sätze mit Verbzweitstellung durchaus in der Lage, eine Proposition aufzugreifen und somit auch einen Grund zu liefern. Allerdings bezieht sich der WEIL-Satz mit der Verbzweitstellung niemals auf den vorangegangenen Teilsatz, sondern auf eine Proposition, die außerhalb des Gesprochenen liegt und somit durch den Rezipienten „rekonstruierbar ist oder aber einige Äußerungen zuvor verbalisiert wurde" (Günthner 1993: 44). Das folgende Beispiel ist einer realen Gesprächssituation entnommen. Es entstammt aus dem Datenmaterial, das Susanne Günthner (1993: 45) selbst festgehalten hat.

(8) Und die Frauen sagen dann, ich will jetzt auch meinen Freiraum, weil es mir ja schließlich genauso zusteht (a). -Weil sie wollen auch mal dem nachgehen, wozu sie Lust haben (b).

Günthner hält nun fest, dass innerhalb derselben Gesprächssituation sowohl eine Abhängigkeit, wie in Teilsatz (a) realisiert, als auch eine Unabhängigkeit, wie in Teilsatz (b), ausgedrückt werden kann. Der Teilsatz (a) zeichnet sich somit durch eine Zugehörigkeit zur fremden, zitierten Rede aus, während der Teilsatz (b) die eigene Wertung, einen Kommentar des Sprechers wiedergibt und somit den Wirkungsbereich der zitierten Rede aufbricht. Innerhalb der Gesprächssituation findet somit ein Perspektivwechsel statt. Der WEIL-Satz mit Verbzweitstellung dient zur Signalisierung der Nichtanbindung der Teilsätze (vgl. Günthner 1993: 46).

Günthner macht zwei weitere Beobachtungen, die durchaus von Bedeutung sind, für die jedoch an dieser Stelle kein Beispiel angeführt werden soll. Zum einen steigere sich die Sprechgeschwindigkeit innerhalb der WEIL-Verbzweitkonstruktion, zum anderen sei eine merkbare Zögerungspause, gefolgt von einer Satzend-Intonation, auszumachen.

Man spricht dann von parenthetischer Einschränkung, wenn der mit WEIL eingeleitete Nebensatz sich lediglich auf einen Teilbereich des vorangegangenen Teilsatzes bezieht.

(9) Als das noch ein reines Mädchengymnasium war, weil – das war glaube ich bis in die Fünfziger Jahre hinein ein reines Mädchengymnasium, da hatte es noch einen sehr guten Ruf.

Dieses Beispiel aus Günthners Datenmaterial (1993: 47) zeigt deutlich, dass sich der WEIL-Satz lediglich auf den mit ALS eingeleiteten zeitlichen Aspekt der Aussage bezieht. Es wird lediglich eine begründende Erklärung geliefert, wie lange die Schule ein reines Mädchengymnasium war. Auf den Aspekt der Qualität, den die Schule einmal hatte, kann der WEIL-Satz jedoch keinerlei Einfluss haben.

Mit der Differenzierung in faktische und nicht-faktische WEIL-Sätze kann man an dieser Stelle nicht weiter operieren. WEIL, genutzt als Fortsetzungssignal, hat nämlich weder die Funktion einer Begründung noch die eines Grundes. Zwar lassen sich gewisse epistemische Charakteristiken ausmachen, vielmehr jedoch hat WEIL an dieser Stelle die Funktion eines „floor-holder-Signals“, wie Günthner (1993: 48) festhält. Ihr zufolge steht an jenen Stellen oft ein WEIL, an denen ein Sprecherwechsel möglich wäre („transition-relevance-place“), der Redezug jedoch nicht abgegeben wird. Im Folgenden soll eine reale Gesprächssituation wiedergegeben werden, an der sich dieses Phänomen deutlich analysieren lässt (vgl. Günthner 1993: 47).

(10) 1-P: is aber nicht speziell genug, weil ich mit Autos überhaupt nichts am Hut hab zur Zeit.
2-U: mhm-mhm
3-P: aus Kosten und ökologischen Gründen auch.
4-U: mhm
5-P: weil eh, (0,5), eh also grad in Zürich is ein Auto in meinen Augen ein Witz
6-P: ah mhm
Günthner (1993: 48)

Zunächst fällt auf, dass die Aussagen drei und fünf zwar mit einem WEIL verbunden sind, im Grunde aber zwei vollkommen unterschiedliche Aussagen getroffen werden. Beide Redebeiträge haben an dieser Stelle einen unterschiedlichen Gehalt und drücken neue, voneinander unabhängige Informationen aus. Durch die einleitende WEIL-Konstruktion weist der Sprecher jedoch darauf hin, dass er mit seinem Redebeitrag noch nicht am Ende ist. Der Rezipient reagiert darauf durch einen Zustimmungspartikel, von Günthner (1993: 47) als „continuer" bezeichnet. Weiterhin weist die Rede in fünf sowohl einen Zögerungspartikel als auch eine Pause auf. Pause und Zögerungspartikel deuten darauf hin, dass der Sprecher zunächst das WEIL als „floor-holder-Signal" vorausschickt, ohne jedoch vorher eine Kausalbeziehung geplant zu haben. Diese Platzhalterschaft ist wohl auf die Tatsache zurückzuführen, dass in einer mündlich geführten Diskussion die Planungszeit für nachfolgende Konstruktionen stark begrenzt ist.
Günthner (1993: 48) resümiert, dass „WEIL+Verbzweitstellung vor allem in jenen Kontexten verwendet [wird], in denen entweder epistemische und Sprechakt-Beziehungen dargestellt werden oder aber die Teilsatzanbindung weniger eng ist [...]."

2.2. WEIL-Verbzweitstellung vs. WEIL-Verbletztstellung

Im folgenden Abschnitt soll auf die semantischen Unterschiede zwischen den beiden WEIL-Konstruktionen eingegangen werden. Dies soll wiederum anhand eines Beispiels aus Günthners Datenmaterial (1993: 43) erfolgen.

(11a) Der hat sicher wieder gesoffen, (0,3) weil – sie läuft total deprimiert durch die Gegend.

(11b) Der hat sicher wieder gesoffen, weil sie total deprimiert durch die Gegend läuft.

Beide Aussagen haben einen anderen Gehalt, drücken somit einen anderen Sachverhalt aus. (11a) legt die Lesart nahe, dass der Sprecher aufgrund seines Erfahrungsschatzes davon ausgeht, dass der Grund für ihre Depression sein Alkoholismus sei. Zwischen den beiden Teilsätzen ist des Weiteren eine Sprechpause auszumachen, welche auf ein floor-holder-Signal hindeutet. Man kann eventuell behaupten, der Sprecher habe nicht unbedingt auf eine kausale Relation zwischen den beiden Teilsätzen abgezielt. (11b) hingegen beschreibt den Sachverhalt, dass sein Alkoholismus auf ihre Depression zurückzuführen ist. Im Nachfolgenden sollen „Operationen" eingeführt werden, die dazu dienen, die semantischen Unterschiede zwischen beiden Lesarten auszumachen.

An erster Stelle soll hier die Prüfung mithilfe der Verneinung stehen.

(12a) Der hat nicht gesoffen, weil – sie läuft total deprimiert durch die Gegend.

(12b) *Der hat nicht gesoffen, weil sie total deprimiert durch die Gegend läuft.

Im Beispiel (12a) wird deutlich, dass der Skopus der Verneinung auf den ersten Teilsatz beschränkt ist. Das heißt, lediglich die Tatsache seines Saufens wird an dieser Stelle verneint. (12b) hingegen ist, so wie es dort steht, ungrammatisch. Zur Vollständigkeit des Satzes wird die adversative Konjunktion „sondern" benötigt. Steht sie am Ende des Teilsatzes, bezieht sich die Negation auf das gesamte Satzgefüge.

Ein weiteres Kriterium liefert die Umformulierung in eine Ja/Nein Frage:

(13a) Hat er gesoffen? Weil – sie läuft total deprimiert durch die Gegend.

(13b) Hat er gesoffen, weil sie total deprimiert durch die Gegend läuft?

Im Beispiel (13a) liefert der erste Teilsatz den Fokus der Frage, während im Beispiel (13b) der Fokus der Frage auf dem gesamten Satzgefüge liegt.

Auch die Möglichkeit der Paraphrasierung durch Nominalisierung kann als Abgrenzungskriterium dienen.

(14a) Aufgrund ihres deprimierten Herumlaufens hat er wieder gesoffen.

Da oben bereits festgestellt wurde, dass die erste Lesart nicht die Kernaussage zulässt, ihre Depression stelle den Grund für seinen Alkoholismus dar, kann die Paraphrasierung logischerweise nur auf die zweite Lesart zutreffen. Für die erste Lesart „müßte ein 'Hypersatz' eingebettet werden“ (Günthner 1993: 43), wie beispielsweise:

(14b) Aufgrund ihres deprimierten Herumlaufens folgere ich, dass er wieder gesoffen hat.

Ein letztes Kriterium kann die Intonationskontur liefern. Wie oben bereits erwähnt entsteht beim Beispiel mit Verbzweitstellung eine Sprechpause zwischen den Teilsätzen. Vor dieser Sprechpause erkennt Günthner jedoch auch eine „finale Tonhöhenbewegung; der zweite Teilsatz trägt [somit] einen eigenen Akzent“ (ebd.). Im Beispiel mit Verbletztstellung ist dies nicht der Fall, die beiden Teilsätze sind auch prosodisch miteinander verknüpft. Günthner spricht an dieser Stelle von „prosodische[r] Integration“ (ebd.).

2.3. Einschränkungen des WEIL-Verbzweit-Gebrauchs

Küper (1991: 133) geht zwar von einem „zunehmenden Gebrauch der Hauptsatzstellung“ aus, dennoch gebe es auch Fälle in der gesprochenen Sprache, in denen keine Verbzweitstellung möglich sei (vgl. Küper 1991: 138). Da solche sprachlichen Erscheinungen für die heutige Bedeutung deutscher Nebensätze nicht unwesentlich sind, sollen im Folgenden jene Einschränkungen für den WEIL-Verbzweit-Gebrauch vorgestellt werden.

Nach Küper (1991: 138 f.) liegen drei „Restriktionen“ für Verbzweitsätze vor. WEIL mit Verbzweitstellung könne demnach nicht verwendet werden, wenn sich der WEIL-Satz auf einen vorausgehenden Nebensatz bezieht:

(15) Kommst du morgen nochmals zu spät, weil du wieder verschlafen hast, so musst du mit Sanktionen rechnen.

(15′) *Kommst du morgen nochmals zu spät, weil – du hast wieder verschlafen, so musst du mit Sanktionen rechnen

Hauptsatzkonstruktionen mit WEIL sind zwar auch nach Nebensätzen möglich, müssen sich aber, so Küper, auf das gesamte Satzgefüge beziehen. Er liefert für einen solchen Fall folgendes Beispiel:

(16) Er hat halt gefragt, ob die das wissen müssen, weil: das ist ihm sehr unangenehm. Küper (1991: 138)

Laut Küpers zweiter Restriktion können Verbzweit-Konstruktionen mit WEIL ferner nicht benutzt werden, wenn der vorausgehende Hauptsatz rein thematisch ist:

(17) Ich habe dich nicht angerufen, weil ich keine Lust hatte.
(17´) *Ich habe dich nicht angerufen, weil – ich hatte keine Lust.

Merkmal dieser Verbend-Konstruktion sei der sofortige Anschluss des Nebensatzes ohne eine Pause. Der Hauptsatz ende mit steigender oder gleich bleibender Intonation, gefolgt vom rhematischen WEIL-Satz, der den Hauptsatzakzent trage und die Kausalität zum Ausdruck bringe. Diese Einschränkung gelte darüber hinaus, so Küper (1991: 142), ebenfalls bei WEIL-Sätzen, die auf rein thematische Fragesätze folgen:

(18) Bist du so übermüdet, weil du nicht geschlafen hast?
(18´) *Bist du so übermüdet, weil – du hast nicht geschlafen?

Die Übermüdung wird, Küpers Argumentation zufolge, als bekannt vorausgesetzt. Die Proposition bringt somit nur die Frage nach der Kausalität jener Übermüdung zum Ausdruck.
WEIL-Sätze, die von Operatoren wie „nicht ... weil, besonders ... weil, nur ... weil, teils ...weil" (Küper 1991: 139) und anderen umrahmt werden, bilden schließlich die dritte Restriktion der WEIL-Verbzweit-Konstruktionen nach Küper:

(19) Sie ist enttäuscht von ihm, nicht, weil er unhöflich war, sondern weil er sich nicht dafür entschuldigte.
(19´) *Sie ist enttäuscht von ihm, nicht, weil er war unhöflich, sondern weil er sich nicht dafür entschuldigte.

Die Erklärung für diese Einschränkung des WEIL-Verbzweit-Gebrauchs sieht Küper in der „Thema-Rhema-Struktur" (Küper 1991: 141) der Haupt- und Nebensätze. Im

Gegensatz zu WEIL-Verbzweitsätzen, die immer eigene illokutive Handlungen vollzögen, sei dies bei thematischen Hauptsätzen nicht der Fall, wodurch eine Nebensatzstellung obligatorisch werde. Der Nebensatz sei notwendig, um den „unvollständigen" thematischen Hauptsatz durch den rhematischen WEIL-Nebensatz zu komplettieren. Erst der WEIL-Satz beinhaltet die „neue" Information und liefert so die Begründung für den schon bekannten Sachverhalt.
Küper betont darüber hinaus, dass dem Hauptsatz ein Satzakzent fehle, der aber wiederum im Kausalsatz vorliege (vgl. Küper 1991: 143). Schließlich sei für Beispiel (4) der „Ellipsen-Status" ein weiterer wichtiger Faktor. Er macht deutlich, dass es sich bei dem Operator „nicht" um einen Rest eines Hauptsatzes handle, der wiederum obligatorisch einen Nebensatz fordere (vgl. Küper 1991: 142).
Günthner (1993: 49) kommt in ihrer Analyse über Faktoren für die Verbendstellung zu einem ähnlichen Ergebnis. Sie hebt hervor, dass durch den thematischen Hauptsatz der Fokus nun auf der Kausalbeziehung selbst liege, wodurch „eine enge Zusammengehörigkeit der beiden Teilsätze" ausgedrückt werde. Des Weiteren seien Konditionalgefüge ausschlaggebend für die Verbendstellung von WEIL. Sie liefert dafür folgendes Beispiel:

(20) FRÜHSTÜCK
10A: aber bei uns ist es so, wenn man eh wenn
11 die Frau merkt, sie wird diskriminiert,
12 weil sie ne Frau ist, dann kann sie was dagegen machen
Günthner (1993: 50)

Diese enge Anbindung zweier Äußerungen durch WEIL-Verbendstellung sei auch dann möglich, wenn innerhalb von diesen ein Sprecherwechsel stattfindet:

(21) STUDIUM IN CHINA 1
15A: haben Sie´ – oder denken Sie, Sie haben in den
16 letzten Jahren ne Entwicklung für sich
17 selbst durchgemacht. daß Sie selbstsicherer WURDEN?
18Du: ja (hab ich)
19A: weil sie´s bewusst versucht haben´ oder warum?
20Du: eh ich habe mich auch eh versucht und eh´
21 vor allem ja. wurde ich eh ich wurde
22 von vielen Seiten beeinflußt
Günthner (1993: 51)

Dieses Beispiel mache nach Günthner somit deutlich, dass der Weil-Satz trotz des Sprecherwechsels fokussiert bleibe und „Du's Zustimmung“ als Ausgangspunkt für die Erfragung der Begründung betrachtet werde (vgl. Günthner 1993: 51). Neben diesen Faktoren geht Günthner außerdem von weiteren syntaktischen Konstellationen aus, die eine Verbendstellung für WEIL erforderlich machten, die hier nur kursorisch genannt werden sollen. Dazu gehörten eine Initialstellung des WEIL-Satzes, die eine verstärkte Zusammengehörigkeit der Teilsätze signalisiert, sowie die Mittelfeldstellung des WEIL-Satzes. Zudem zeigten „Vorschlagwörter“ wie „deshalb, darum, daher, deswegen“, dass auf die Aussage des vorausgehenden Satzes noch eine bedeutsame Kausalbeziehung folgen muss (vgl. Günthner 1993: 52).
Die bisherige Analyse zeigt somit, dass sich die Ausbreitung von WEIL mit Verbzweitstellung in der gesprochenen Sprache nicht auf alle Gebiete ausdehnen kann, sondern selbst bestimmten Gesetzen zu folgen hat.

2.4. Koordination vs. Subordination

Bei den hier behandelten WEIL-Sätzen und der damit verknüpften Frage nach der Rolle der Nebensatzstellung im Deutschen kommt in der Forschung der Untersuchung von Koordination und Subordination durchweg eine große Aufmerksamkeit zu. Küper geht in diesem Zusammenhang von zwei verschiedenen Formen von WEIL aus. WEIL mit Hauptsatzstellung habe dabei koordinierende Funktion, WEIL mit Verbendstellung im Nebensatz hingegen sei subordinierend. Dabei sei die Funktion von DENN durch die koordinierende Verbzweitstellung von WEIL nahezu übernommen worden. Die Ursache dafür vermutet Küper im seltenen Gebrauch von DENN in der gesprochenen Sprache. Dort habe DENN immer weniger den Status einer kausalen Konjunktion und werde zumeist nur noch als Abtönungspartikel gebraucht (vgl. Küper 1991: 143). Vor diesem Hintergrund unterscheidet Küper die WEIL-Sätze nach den Kategorien „Restriktivität“ und „Nicht-Restriktivität“. Somit hätten alle subordinierenden WEIL-Sätze eine restriktive Funktion, durch die der Hauptsatz vervollständigt würde. WEIL-Verbzweitsätze hingegen seien nicht-restriktiv und brächten die „eigenständige illokutive Handlung“ beider Konjunkte zum Ausdruck, was seinerseits zu einem „machtvollen illokutionären Indikator“ der gesprochenen Sprache werde (vgl. Küper 1991: 146).

Küper (1991: 149) konstatiert vor diesem Hintergrund, dass der Anteil von WEIL-Sätzen mit Sprechaktbezug, d.h. WEIL mit Hauptsatzstellung, verstärkt als koordinierende Sätze auftreten und schließt daraus, „daß der sprachliche Wandel, den wir zur Zeit beobachten, in einer stärkeren Pragmatisierung der Syntax besteht“ (Küper 1991: 150). Durch diesen Wandel werde durch WEIL in Hauptsatzstellung nun die illokutionäre Kraft des Satzteils ausgedrückt, die herkömmliche Unterscheidung von Haupt- und Nebensatz durch WEIL trete demgegenüber zurück (vgl. Küper 1991: 150).

Günthner (1993: 53) betont, dass es große Unterschiede bei der Einordnung von WEIL-V2-Konstruktionen in die Kategorien Koordination und Subordination gebe. Dennoch spreche vieles dafür, sie der Koordination zu zuordnen. Sie geht dabei von folgenden Kriterien aus, die für eine Koordination sprechen:

i. der Adverbialsatz weist keine grammatikalisch signalisierte Inkorporation auf;
ii. in den beiden Teilsätzen können unterschiedliche Sprechakte (illokutionärer Kraft) und verschiedene Darstellungsperspektiven ausgedrückt werden;
iii. mehr oder weniger gleichwertige Teilsätze werden verbunden, wobei der eine nicht innerhalb des Skopus des anderen liegt;
iv. die beiden Teilsätze weisen getrennte Intonationskurven auf;
v. in WEIL+Verbzweitsätzen treten bestimmte „main clause phenomena“ auf;
vi. die nichtintegrierten WEIL-Konstruktionen sind nicht variabel bzgl. ihrer Stellung (sie treten nicht in der Initial- und Mittelfeldstellung auf).

Günthner (1993: 54)

Unter den in v. genannten „main clause phenomena“ versteht Günthner u. a. Kategorien wie die Besetzung des Vorfeldes durch Negationsverben[2], eine VP-Voranstellung[3] oder eine Adjektiv-Voranstellung[4] (vgl. Günthner 1993: 49). Trotz diesen oben genannten Kriterien spricht sie sich gegen die These einer Ablösung von DENN durch WEIL-Verbzweit aus. Der seltene Gebrauch von DENN in der gesprochenen Sprache und die damit zusammenhängenden verschiedenen Stilebenen der Konjunktionen widersprächen der Ersetzungsthese. Günthner benutzt somit dasselbe Argument wie schon Küper. Im Gegensatz zu ihm widerspricht sie mit jenem Argument jedoch der Ersetzungsthese. DENN und WEIL hätten zu

2 Bsp.: „[…] weil NIE aber auch gar nie hat der mich gefragt ob ich was brauche oder so“ (Günthner 1993: 49).

3 Bsp.: „[…] weil DURCHKOMMEN wirste auf alle Fälle“ (ebd.).

4 Bsp.: „[…] weil am WICHTIGSTEN für die ist doch ihr RUF – nich?“ (ebd.).

verschiedene Merkmale, um eine Ersetzung von DENN durch WEIL annehmen zu können. Neben den unterschiedlichen Stilebenen könne DENN zwar illokutionäre Beziehungen und „lockere Kausalbeziehungen" ausdrücken, sei hingegen aber nicht als „‚floor-holding'-Signal"[5] nachgewiesen (Günthner 1993: 54).

Infolgedessen verwehrt sich Günthner, entgegen Küper, schließlich auch der Annahme, im Deutschen herrsche derzeit eine „allgemeine Tendenz zur Syntaxvereinfachung" (Günthner 1993: 54). Entscheidend für die Wahl der jeweiligen Konjunktion seien vielmehr „diskurspragmatische Faktoren – einschließlich der spezifischen Gegebenheiten spontaner Kommunikation" (Günthner 1993: 55).

Diese These vertritt auch Wegener (2000: 70 f.) und spricht sich klar gegen die Hauptsatztendenz im Deutschen aus, die von Küper vertreten wird. So habe sich nicht der Satzbau von Kausalsätzen geändert, sondern lediglich deren Konnektor. Entgegen Günthners Ansicht vertritt sie damit allerdings die These einer Funktionsübernahme von DENN durch WEIL. Durch diesen „lexikalischen Wandel" löse somit WEIL-Verbzweit DENN ab, WEIL-Verbletzt verdränge zusätzlich die Konjunktion DA. Damit werde allerdings auch deutlich, dass WEIL-Verbzweit gar nicht „in das Feld des Gegners" vordringt, sondern „nur" den jeweiligen Konnektor mit derselben syntaktischen Struktur ablöst (vgl. Wegener 2000: 71).

Die Diskussion um die Rolle der Nebensatzstellung wäre vor diesem Hintergrund abgeschwächt, da WEIL lediglich DENN und DA zunehmend ablöst und eben nicht der Hang zu einer Syntaxvereinfachung besteht. Zu klären bleibt jedoch, weshalb sich überhaupt WEIL vor DENN und DA durchsetzen kann.[6]

2.5. Die Vorteile von WEIL gegenüber DENN und DA

Auf Grund der Beobachtung, dass im Gesamten nicht die Zahl der Verbzweitsätze zugenommen hat, sondern lediglich jene, die mit WEIL eingeleitet werden, verfolgt Wegener (2000: 72ff.) die Frage, welche Eigenschaften WEIL vor DENN und DA auszeichnet.

---

5 SprecherInnen könnten demnach in einer mündlichen Kommunikation, im Gegensatz zu WEIL, durch den Gebrauch von DENN als Diskurssignal eben nicht signalisieren, dass sie trotz eines semantisch geschlossenen Satzes die Fortsetzung einer Äußerung, die unabhängig wäre und neue Informationen enthielte, planen.

6 Die Argumentation folgt grob der Vorgehensweise Wegeners (2000).

Wegener kommt dabei zu dem Ergebnis, dass Adverbien, Modalpartikeln und Konjunktionen eine weniger eindeutig kausale Struktur aufweisen als WEIL. Jedoch sei diese Erklärung unzureichend, da eine „semantische Eindeutigkeit" (Wegener 2000: 74) kein ausschlaggebendes Kriterium für die Durchsetzung eines Konnektors sei. So sei es auch bei WEIL als Fortsetzungssignal nicht klar zu bestimmen, ob eine temporale oder kausale Bedeutung vorliege. WEIL zeichne sich hierbei mehr durch eine „semantische Leere" aus und verliere selbst zunehmend seine eindeutig kausale Bedeutung (vgl. Wegener 2000: 74). Wegeners „synchrone Analyse" (Wegener 2000: 74) liefert somit keine befriedigende Erklärung für die Präferenz von WEIL.

Um die WEIL-Präferenz dennoch klären zu können, untersucht Wegener die Diachronie von WEIL, DA und DENN. DA und DENN seien aus der indogermanischen Wurzel *to entstanden, woraus sich schließlich ahd. „dar" und mhd. „da" sowie „do" entwickelten. Aus derselben Wurzel haben sich zudem „danne/denne" und „wanne/wenne" entwickelt, die beide temporale Bedeutung besessen hätten (vgl. Wegener 2000: 75). WEIL gehe auf die temporale Adverbialphrase „diu wile daz/unz (= die Weile bis)" (Wegener 2000: 75) zurück und sei zu einer temporalen Konjunktion mit der Bedeutung „solange als" verkürzt worden, die bis ins 19. und 20. Jahrhundert bestanden habe. Die Bedeutung der Konjunktionen DA, DENN und WEIL habe sich danach von einer temporalen zu einer kausalen gewandelt. Wegener erklärt diesen Wandel durch einen „alltagslogischen Fehlschluss" (Wegener 2000: 75), durch den die temporalen Relationen kausal interpretiert und zur Konvention werden (vgl. Wegener 2000: 75). WEIL habe aber letztlich auch in semantischer Hinsicht keine Vorteile vor DENN und DA besessen. Wegener stellt deshalb die These eines „Reigen der Konjunktionen" (Wegener 2000: 76) auf, der nur begrenzt erklärbar sei. Dennoch erachtet Wegener die fehlende Eindeutigkeit von WEIL auch als Erfolgskriterium für dessen heutige Präferenz. So habe die temporale Bedeutung von WEIL es ermöglicht, einen „abstrakten Sachverhalt einer Begründung durch einen relativ konkreten, nämlich zeitlichen Zusammenhang darzustellen [...]" (Wegener 2000: 76).

Wegener findet mit Hilfe der diachronen Analyse schließlich den entscheidenden Faktor für die WEIL-Präferenz. Der syntaktische Vorteil der subordinierenden Struktur von „diu wile daz" habe es ermöglicht, im 15. Jahrhundert neben DENN zu treten. Wurden Haupt- und Nebensatz vorher beide durch „wande/wan" ausgedrückt, so habe nun erstmals eine „syntaktische Funktionsaufteilung" (Wegener 2000: 77) durch DENN und WEIL stattgefunden. Ohne die subordinierende Eigenschaft von

„diu wile daz“ hätte, so Wegener weiter, das Deutsche erst gar keine zweite Kausalkonjunktion eingeführt. Sie unterscheidet an dieser Stelle zwischen den Kriterien „Disambiguierung“ und „Ökonomie“ (Wegener 2000: 77). So habe die Ablösung von „wande/wan“ durch mehrere Konjunktionen der Disambiguierung gedient. Dies sei jedoch auf Kosten der sprachlichen Ökonomie erfolgt (vgl. Wegener 2000: 77). Heute jedoch kehre sich die Entwicklung zunehmend um. Die Ausdehnung von WEIL hin zu DENN folge dem Prinzip der Ökonomie und auf Kosten der Differenzierung. Dabei werde der Aufwand für den Sprecher reduziert, der sich nur noch einer Konjunktion bedienen müsse, um kausale Relationen auszudrücken. Für den Hörer freilich erhöhe sich der Aufwand, da jenem mögliche Differenzierungen im Gehörten fehlen. Diese ökonomische Verwendung der Sprache gelte vordergründig für die gesprochene Sprache, wohingegen die Schriftsprache durchaus weiterhin differenziere (vgl. Wegener 2000: 78). Die WEIL-Präferenz wird von Wegener letztlich auf einen lexikalischen Wandel der konkurrierenden Prinzipien zurückgeführt, „der eher als fashion denn als function zu erklären ist“ (Wegener 2000: 78). Wegener prognostiziert abschließend drei mögliche Entwicklungen: Entweder dringe WEIL in die Schriftsprache vor, werde durch eine konkretere Konjunktion ersetzt oder es werde neben WEIL eine weitere Konjunktion zur Differenzierung treten.

2.6. Zwischenfazit

In der vorangegangenen Darstellung wurde deutlich, dass die Ausbreitung der WEIL-V2-Sätze nicht unkontrolliert verläuft und stets bestimmten Restriktionen unterworfen ist. Dabei erweist sich die Thema-Rhema-Struktur unter anderem als ein wichtiges Kriterium für eine obligatorische Nebensatzstellung. Die Bewertung dieser grammatikalischen Erscheinung in der Forschung divergiert dabei zum Teil bedeutend. So geht Küper von einer Funktionsübernahme von DENN durch WEIL aus, die in einem vermehrten Gebrauch der Hauptsatzstellung sichtbar werde. Dem gegenüber sieht Günthner die spezifischen Eigenschaften beider Konjunktionen gewahrt und widerspricht der These einer Syntaxvereinfachung. Wegener widerspricht ebenfalls einer Zunahme der Hauptsatzsyntax, sieht jedoch eine Funktionsübernahme von DENN durch WEIL als erwiesen an. Die WEIL-V2-Problematik wurde von ihr letztlich als Erscheinung eines lexikalischen Wandels interpretiert, durch den eine Selektion der Konjunktionen nach dem Prinzip der Ökonomie, jedoch auf Kosten der Differenzierung stattfindet.

3. Bildungskategoriale Analyse

Nach der bisher erfolgten Sachanalyse zu WEIL-V2-Sätzen auf Grundlage des aktuellen Forschungsstandes soll nun überlegt werden, ob, und falls ja, wie sich dieses Thema sinnvoll für den Deutschunterricht didaktisieren lässt. Ausgangspunkt dafür, kausale Adverbialsätze mit Verbzweitstellung überhaupt als Gegenstand im Grammatikunterricht zu thematisieren, ist die Beobachtung, dass diese im deutschen Sprachgebrauch zunehmend Einzug halten. Bevor das Thema als Unterrichtsgegenstand behandelt werden kann, muss es, wie bei jeder Didaktisierung, zunächst auf seinen Bildungsgehalt geprüft werden. Leitlinie hierbei ist die Relevanz der Thematik für die SchülerInnen sowie der Bezug zum Bildungsplan. Erst nach der Fokussierung eines konkreten Lernziels für die geplante Unterrichtseinheit können Entscheidungen bezüglich der geeigneten Methode und Organisationsform getroffen werden. Die folgenden Ausführungen sind exemplarisch zu verstehen und werden abschließend mit einem konkreten Beispiel für die unterrichtliche Umsetzung ergänzt. Dabei sei jedoch zu bemerken, dass die gesamte Didaktisierung gewissermaßen im luftleeren Raum, d.h. ohne Bezug auf eine bestimmte Klasse, stattfindet. Somit läuft sie zwangsläufig entgegen der herkömmlichen Reihenfolge von Unterrichtsvorbereitung im Schulalltag, wo sich Unterricht immer auf die Bedürfnisse und Fähigkeiten einer individuellen Klasse beziehen sollte.

Grundsätzlich erscheint es sinnvoll, das Thema WEIL-V2-Sätze dann im Unterricht zu behandeln, wenn solche Sätze wiederholt in einer Klasse auftauchen. Der so genannte situationsorientierte Grammatikunterricht ist bei diesem Thema also vorzuziehen. Da das WEIL-V2-Phänomen in der gesprochenen Sprache so weit verbreitet ist, mangelt es nicht an realitätsnahen Beispielen. Situationsorientierter Grammatikunterricht ist im Sinne Boettchers und Sittas (1978) als Unterricht zu verstehen, der an im Unterricht vorkommende sprachliche Probleme anknüpft und so den sprachlichen Bedürfnissen der SchülerInnen gerecht zu werden versucht. Grammatikalische Kenntnisse bekommen durch den Realitätsbezug einen nachvollziehbaren Sinn und verlieren ihren abstrakten Charakter. Schon allein die Tatsache, dass im Deutschunterricht etwas behandelt wird, das direkt aus der Alltagskommunikation stammt, wird den SchülerInnen zeigen, dass Grammatik mehr als nur „Regelpauken" ist. Diese Vorgehensweise meint nicht zwangsläufig, dass das Thema postwendend aus dem Stehgreif behandelt werden muss, sondern kann durchaus geplant für eine Folgestunde angedacht werden. Organisatorisch ließe sich eine solche Grammatiksequenz in einer Einzelstunde unterbringen, wäre jedoch auch als Einstieg für eine größere Einheit denkbar. Anbieten würden sich hierfür z.B. Themen wie der *Unterschied zwischen Sprach- und Schriftdeutsch*, *Umgangssprache*, *Chatsprache*, *Dialekte*, etc. (vgl. die Beiträge von Zähringer sowie Kegreiss, Mahnkopf, Rebstock & Tkotz in diesem Band).

Auch wenn ein situationsorientierter Grammatikunterricht, der, wie gesagt, beim Thema WEIL-V2-Sätze zu bevorzugen ist, einer reinen Orientierung am Bildungsplan widerspricht, so ist eine mögliche Einbettung des Inhalts in den Bildungsplan hier dennoch zu erwähnen. Die für das Fach Deutsch aufgeführten Bildungsstandards (2004: 76) verfolgen unter anderem das Ziel, Sprachbewusstsein zu entwickeln. Dieser Aspekt eröffnet den adäquaten Rahmen, um WEIL-V2-Sätze im Unterricht zu thematisieren, da die Beschäftigung mit dem Thema zwangsläufig eine Reflexion über Sprache mit sich bringt. Besonders geeignet erscheint es, WEIL-V2-Sätze als Unterrichtsgegenstand in Klasse 10 einzubetten. Unter Berücksichtigung der im Bildungsplan (2004: 87) aufgeführten Inhalte und Kompetenzen ist für die Behandlung von WEIL-V2-Sätzen in Klassenstufe 10 Folgendes nennenswert:

> <u>*Gesprochene und geschriebene Sprache*</u>
> *Die Schülerinnen und Schüler können die wesentlichen Merkmale gesprochener und geschriebener Sprache benennen und erklären.*

Für die Legitimation eines Themas als Unterrichtsgegenstand hat sich in der Fachdidaktik die Bildungstheorie von Klafki (1963) etabliert. Demnach müssen zunächst bestimmte didaktische Grundfragen beantwortet werden, um den Unterrichtsstoff als lehrens- und lernenswert rechtfertigen zu können. Jeder Gegenstand muss einen höheren Bildungsgehalt in sich tragen, was meint, dass anhand des Themas entscheidende Kompetenzen gelernt werden können und der Inhalt sowohl für die Gegenwart als auch für die Zukunft der Kinder bedeutsam ist. Dazu gehört auch, das Thema so zu veranschaulichen, dass das Interesse der SchülerInnen geweckt werden kann und darüber hinaus eine sinnvolle Strukturierung des Inhaltes erfolgt, also die Frage danach, wie die konkrete Umsetzung aussehen soll. Inwiefern WEIL-V2-Sätze überhaupt für die Behandlung im Unterricht legitimiert werden können, soll nun im Sinne der fünf didaktischen Grundfragen Klafkis überprüft werden:

Die Beschäftigung mit WEIL-V2-Sätzen kann beispielhaft einen Einblick in den Satzbau der deutschen Sprache geben und aufzeigen, wie die Aussage eines Satzes durch die Satzstellung verändert werden kann. Ebenso zeigt sich anhand von WEIL-V2-Sätzen die kontinuierliche Veränderung des Sprachgebrauchs und zieht die Frage nach sich, wie mit Sprachwandel umgegangen und wie er bewertet werden kann. Dabei spielt der Unterschied von gesprochener Sprache und Schriftsprache eine große Rolle, da, je nach Situation, Sprache anders verwendet wird. Das Ziel soll sein, die Schülerinnen und Schüler auf WEIL-V2-Sätze soweit zu sensibilisieren, dass sie sich z.B. beim Verfassen eines Textes die Frage stellen, ob ihre Sätze grammatisch tatsächlich korrekt oder nur umgangssprachlich geläufig sind. Je nach Textsorte und Anlass sollten die SchülerInnen idealtypischerweise im Stande sein, Grammatik, Ausdrucksweise und Stil ihres Textes an die jeweilige Situation anzupassen. Das Thema als Unterrichtsgegenstand dient somit dem Erlernen einer, dem jeweiligen Umstand angemessenen, Sprech- und Schreibweise. Indem sich die Schülerinnen und Schüler mit ihrer eigenen Sprache aktiv auseinandersetzen, bekommen sie ein besseres Gespür dafür, sich angemessen auszudrücken. Diese Kompetenz ist sowohl für die Gegenwart der SchülerInnen als auch für ihre Zukunft wichtig. Als Medium der Kommunikation hat Sprache eine Schlüsselfunktion für die Erschließung der unterschiedlichsten Lebensbereiche. Somit ist eine Sensibilisierung auch für feine Unterschiede in Ausdruck und Wirkung der Sprache unabdingbar. Ein Nachdenken darüber, warum man selbst WEIL-V2-Sätze anstelle der, im Schriftdeutsch verbindlichen, Nebensatzstellung bei WEIL-Sätzen verwendet, kann Merkmale der gesprochenen Alltagssprache verdeutlichen. Das dient, neben der Vermeidung von Fehlern, im besten Falle sogar dem Erkennen von sprachlichen Möglichkeiten und kann neue Handlungsräume eröffnen.

Im Konkreten heißt das, darauf aufmerksam zu machen, dass die Verbzweitstellung bei WEIL-Sätzen im gesprochenen Deutsch überwiegt und diese darüber hinaus nicht zwangsläufig gleichbedeutend mit einem geschriebenen WEIL-Satz mit Nebensatzstellung ist. Wie im fachwissenschaftlichen Teil dieser Arbeit bereits erläutert, können durch diese Veränderung der Syntax beispielsweise Ambiguitäten entstehen, wobei die Sätze durch Kontext und Betonung des Sprechers wieder disambiguiert werden können. Dieser Aspekt eignet sich als Beispiel dafür, den

SchülerInnen die Unterschiede in gesprochener und geschriebener Sprache aufzuzeigen, und kann Inhalte von Syntax und Pragmatik anschaulich verknüpfen. Weiterhin können Schülerinnen und Schüler anhand von WEIL-V2-Sätzen Kenntnisse zum Satzbau erlangen oder wiederholen. Dieses erworbene grammatikalische Wissen dient dem Sprachverständnis und ist für die SchülerInnen - nachdem sie einmal das Prinzip verstanden haben, wie Sprache funktioniert und nach welchen Mustern Sätze aufgebaut sind - auch zukünftig für den Umgang mit und die Reflexion über Sprache relevant. Über den genauen Umfang und die Anordnung des Inhaltes kann nur mit Blick auf eine bestimmte Klasse oder zumindest Klassenstufe entschieden werden, da je nach Niveau der Schüler andere Herangehensweisen erforderlich sind. Je nachdem, über welches Vorwissen die SchülerInnen verfügen, muss das Thema selbstverständlich entsprechend an die jeweilige Klasse und an das aktuelle Unterrichtsziel angepasst werden.

Es sei noch angemerkt, dass das Thema WEIL-V2 in der Schule natürlich nicht in seinem vollen wissenschaftlichen Umfang gemäß dem aktuellen Forschungsstand behandelt werden kann und soll. Vielmehr muss es auf das jeweils Wesentliche reduziert werden. Bei dem Thema WEIL-V2-Sätze ist für den Unterricht die Erkenntnis zentral, dass in der gesprochenen Sprache der aktuelle Trend zu beobachten ist, auf die Konjunktion WEIL Verbzweit statt Nebensatzstellung folgen zu lassen. Diese Besonderheit tritt dann auf, wenn das WEIL eine epistemische Begründung einleitet. Wie der fachwissenschaftliche Überblick zu Beginn zeigt, gehen die Erklärungsansätze für diese Änderung im Sprachgebrauch weit auseinander. Das bedeutet folglich, dass auch den Schülern keine abschließende Erklärung gegeben werden kann. Hier ist vor unnötiger Verwirrung der SchülerInnen zu warnen.

4. Überlegungen zur Umsetzung im Unterricht

Eine Möglichkeit, um den SchülerInnen das WEIL-V2-Phänomen deutlich zu machen, wäre z.B. eine Tonbandaufnahme oder ein verschriftlichtes Interview mit WEIL-V2-Konstruktionen als Einstieg zu verwenden. Hierfür sollte den Schülerinnen und Schülern der Hör- bzw. Leseauftrag erteilt werden, auf Ungewöhnliches im Satzbau zu achten.

Beispiel:

Zu Beginn der Stunde können den SchülerInnen Fragen gestellt und gleichzeitig zwei bis drei MitschülerInnen gebeten werden, die Antworten in genauem Wortlaut auf eine Folie zu schreiben (es werden mehrere SchülerInnen zum Schreiben gebeten, da sich keine Wartezeiten ergeben, wenn der erste Schüler die erste Antwort, der zweite Schüler die zweite Antwort und dann der erste Schüler wiederum die dritte Antwort und so fort notieren kann).

Beispiele:

Lehrer: Sagt mal, ich weiß, dass Deutsch nicht unbedingt das beliebteste Fach ist. Dem möcht' ich heut' mal auf den Grund geh'n. Versucht doch bitte mal Sätze zu formulieren, die da heißen: „Ich finde Deutsch manchmal doof/langweilig, weil...“!

erwartete Schülerantwort:

- ..., weil ich find, dass es keinen logischen Grund gibt, warum wir so komische, schwierige Bücher lesen müssen.
- ..., weil - wir müssen ganz oft Sachen machen, die wir später nie wieder brauchen. Xy zum Beispiel.
- ..., WEIL-V2

oder

Lehrer: Lasst uns heut' mal über was anderes reden. (Wir haben's ja grad schon schön an Schüler xy geseh'n...) Irgendwas is' los, dass die Gattung Mensch immer wieder zu spät kommt. Das ist jetzt gar nicht böse oder als Vorwurf gemeint. Ich finde nur, dass wir dem mal nachgehen sollten.
Warum passiert es euch, dass ihr ab und an mal zu spät kommt?

erwartete Schülerantwort:

- naja, weil eh ich komm morgens manchmal einfach nich ausm Bett und drück den Wecker halt doch nochmal weiter und dann isses irgendwann zu spät.
- Ich bekomm den Bus halt nicht, wenn der immer ne Minute, bevor er eigentlich kommen soll, schon da ist.
- ... (WEIL-)V2

Natürlich kann es durchaus auch vorkommen, dass ein Schüler einen korrekten WEIL-Satz bildet. Die Wahrscheinlichkeit, dass bei den Antworten WEIL-Verbzweitsätze gebildet werden, ist jedoch sehr hoch. Legt man nach diesem kurzen Frage-Antwort-Spiel die entsprechenden Folien auf den Tageslichtprojektor, kann man zum eigentlichen Thema überleiten, das sogleich lebensnah verankert ist.

Da WEIL-V2-Sätze bereits so in unseren alltäglichen Sprachgebrauch übergegangen sind, werden die SchülerInnen vermutlich zunächst keine Besonderheit in dieser Hinsicht ausmachen können. Anstatt nun aber das Problem sofort zu benennen, könnte man die SchülerInnen dann in Gruppenarbeit zwei Texte mit WEIL-Sätzen – einen mit Haupt- und einen mit Nebensatzstellungen – untersuchen lassen. Die Aufgabenstellung sollte dabei das Ziel verfolgen, auf Unterschiede in Satzbau, Wirkung und Aussage aufmerksam zu machen, wobei der Schwerpunkt auf den Funktionen der Satzkonstruktionen liegen sollte, was bedeutet, dass grammatische Kategorien eher im Hintergrund bleiben. So würden die SchülerInnen auf das Phänomen zwar hingeführt werden, wären aber dazu angehalten, es selbst zu erkennen. Diese induktive Vorgehensweise birgt den Vorteil, dass die SchülerInnen die Sprache selbst reflektieren, durch den Prozess des eigenständigen Entdeckens interessierter sind und das Erlernte sich besser verankert. Die SchülerInnen sind dabei dazu aufgerufen, sich Besonderheiten und Regeln selbst zu erschließen, anstatt vorgegebene Regelhaftigkeiten lediglich nachzuvollziehen.

Beispiel:

1. Austeilen des Arbeitsblattes
2. Gemeinsames Durchgehen des Arbeitsblattes im Plenum
3. Zeitvorgabe
4. Gruppenbildung zu je max. 4 Personen,[7] z.B. durch Verteilen von bunten Karten/Süßigkeiten verschiedener Verpackung/Durchzählen (z.B. bei 35 SchülerInnen bis jeweils der Zahl 9), um eine gute Mischung hinsichtlich der Leistungsfähigkeit und persönlichen Vertrautheit innerhalb der Gruppen zu gewährleisten.

Bei unserem Beispiel sollen die SchülerInnen das Arbeitsblatt bearbeiten, wobei die Überschrift sowie der Bereich „Fazit“ zunächst unbeschriftet bleiben. Nach dieser Erarbeitungsphase sollten die Ergebnisse im Plenum diskutiert werden. Dabei ist es ratsam, eine Gruppe ihre Ergebnisse auf einer Folie festgehalten lassen zu haben, um anhand dieser schließlich die Ergebnisse der ganzen Klasse zusammentragen zu können. Außerdem können auf diese Weise SchülerInnen eingebunden und aktiviert

[7] Die Relevanz des Faktors „Gruppengröße“ für gelingende Gruppenarbeit ist unbestreitbar, da die Größe der Arbeitsgruppe die Möglichkeit kooperativer Gruppenbeziehungen entscheidend bestimmt. Bei der Frage nach einer empfehlenswerten Gruppengröße gehen die Meinungen allerdings auseinander. Wir orientieren uns in dieser Arbeit an den Leitgedanken: drei Personen bilden eine Gruppe, da sich bei dieser Größe noch keiner „ausklinken“ kann, plus eine Person zu viel. Es handelt sich dabei um einen Erfahrungswert der Autoren.

werden, indem die entsprechende Gruppe ihre Ergebnisse selbst präsentiert und gegebenenfalls sogar als Moderator in dem sich anschließenden Diskussionsprozess, unterstützt von Seiten des Lehrers, tätig wird. Sodann wird eine Überschrift für das Arbeitsblatt gefunden und an entsprechender Stelle auf dem Arbeitsblatt eingetragen: z.B. *WEIL-V2 vs. kausale Nebensätze.*

Zur Vertiefung könnte der Rückgriff auf die im Einstieg gesammelten Beispielsätze erfolgen. Auch hier werden die WEIL-V2-Sätze von den kausalen Nebensätzen, die mit WEIL eingeleitet werden, unterschieden. Der Fokus könnte dann darauf gerichtet sein, festzustellen, dass WEIL-V2 häufig in der gesprochenen Sprache verwendet wird. Gleichzeitig wäre das die richtige Stelle, um der jeweiligen Situation angemessene Ausdrucksweisen anzusprechen. Es sollte festgehalten werden, dass WEIL-V2 zurzeit (noch) nicht im Schriftdeutsch verwendet werden sollte.

Es folgt schließlich die Ergebnissicherung anhand einer einheitlichen Zusammenfassung. Diese kann der Lehrkörper diktieren oder an die Tafel schreiben. Sie wird in unserem Beispiel auf dem Arbeitsblatt unter „Fazit" eingetragen. Der Klasse entsprechend kann dieser Text vorgegeben oder gemeinsam von LehrerIn und SchülerInnen erarbeitet werden. Als Ergebnis könnte beispielsweise formuliert werden: *Wir bilden heute beim Sprechen häufig Sätze, bei denen nach der Konjunktion WEIL das Verb an zweiter Stelle im Satz steht. Jene WEIL-V2-Sätze treten vor allem dann auf, wenn das WEIL eine sog. epistemische Begründung einleitet.*

Vorlage Arbeitsblatt:

Datum

Arbeitsauftrag:

1. In allen aufgeführten Sätzen finden sich Nebensätze, die mit dem gleichen Wort eingeleitet werden. Um welches Wort handelt es sich? Wie nennt man diese Wortart?
2. Wie nennt man die Art von Nebensätzen, die mit diesem Wort eingeleitet werden, üblicherweise?
3. Es handelt sich bei den aufgeführten Sätzen um zwei verschiedene Arten von Nebensätzen. Versucht, die Sätze zwei Gruppen, wir nennen Sie „A" und „B", zuzuordnen.
4. Worin unterscheiden sich A und B? Nennt mindestens drei Unterscheidungskriterien.

a. Ich gehe in die Schule, weil es mir Spaß macht.

b. Du bist nervös, weil du rauchst schon deine dritte Zigarette.

c. Du bist nervös, weil du schon deine dritte Zigarette rauchst.

d. Ruf mich nachher noch mal an, weil ich bin grad aufm Sprung.

e. Du konntest den Rasen nicht mähen, weil der Rasenmäher kaputt gegangen ist.

f. Sie freut sich so, weil sie eine wichtige Prüfung bestanden hat.

g. Er kommt nicht, weil es ist schon sehr spät.

h. Er kommt nicht, weil es schon sehr spät ist.

i. Paul kommt später, weil ich mit seiner Frau geredet habe.

j. Paul kommt später, weil ich habe mit seiner Frau geredet.

Ergebnis:

Zu 1.: „weil"; Wortart: Konjunktion

Zu 2.: kausale Nebensätze; kausal = (lat. *causa*) Grund, Ursache

Zu 3.: a, c, e, f, h und i = A; b, d, g, j = B

Bei A wird im Nebensatz die Ursache für das im Hauptsatz Genannte aufgeführt; das Verb steht an letzter Stelle. Bei B gibt der Nebensatz neue Informationen; die beiden Teilsätze sind voneinander unabhängig (zwei Hauptsätze); der „Nebensatz" erklärt, warum die Aussage im „Hauptsatz" getroffen wird; das Verb steht an zweiter Stelle.

Fazit:

5. Ausblick

Einleitend wurde die Frage aufgeworfen, ob im aktuellen Sprachwandeldiskurs die Nebensatzstellung im Deutschen verloren geht. Eine Teilantwort darauf könnte sein, dass sich zumindest die, in der vorliegenden Arbeit behandelten, WEIL-V2-Sätze in unserer Sprache zu etablieren scheinen. Wie jeder Sprachwandel vollzieht sich auch dieser über einen langen Zeitraum, bis der Sprachgebrauch die Sprachtheorie überholt hat und letztere angepasst werden muss. Nachdem WEIL-Konstruktionen in Verbindung mit Verbzweitstellung nachweislich kein Phänomen einzelner Gruppierungen oder Bildungsschichten sind, ist es wohl nur eine Frage der Zeit, bis diese, uns ungrammatisch erscheinende, Einheit als grammatisch korrekt angesehen werden kann und muss.

Vor diesem Hintergrund ist auch die Frage der Relevanz dieses Themas für den Schulunterricht neu zu stellen. Spätestens wenn WEIL-V2-Sätze in ihrer Gesamtheit als grammatisch korrekt gelten, kann die Thematik zwar unter der Überschrift des Sprachwandels, beispielsweise als Auftakt einer Unterrichtseinheit, die auf den mittelhochdeutschen Sprachwandel abzielt, aufgegriffen werden, jedoch sollte dieser Schritt nach Meinung der Verfasser dieser Arbeit von der jeweiligen Lehrkraft wohl überlegt sein. Denn zu Zeiten, in denen der Sprachwandel gemeinsam mit einer, in großen Teilen der Gesellschaft akzeptierten, grundsätzlichen grammatischen Ungenauigkeit, beispielsweise im Zuge des Umgangs mit den neuen Medien, noch in ganz anderen Dimensionen um sich greift, wird das Phänomen WEIL-V2 wohl eher anderen Prioritäten im Deutschunterricht an unseren Schulen weichen.

Literaturverzeichnis

Boettcher, W. und Sitta, H. (1978): *Der andere Grammatikunterricht.* München.

Duden (2006): Die deutsche Rechtschreibung. Mannheim.

Günthner, S. (1993): „...weil – man kann es ja wissenschaftlich untersuchen" – Diskurspragmatische Aspekte der Wortstellung in WEIL-Sätzen. *Linguistische Berichte* 143, 37–59.

Kegreiss, A., Mahnkopf, M., Rebstock, J. & Tkotz, T. (in diesem Band): Sprachgeschichte im Deutschunterricht: Der Bedeutungswandel von Wörtern, 65-84.

Klafki, W. (1963): *Studien zur Bildungstheorie und Didaktik.* Weinheim.

Küper, C. (1991): Geht die Nebensatzstellung im Deutschen verloren? Zur pragmatischen Funktion der Wortstellung in Haupt- und Nebensätzen. *Deutsche Sprache* 19, 133–157.

Ministerium für Kultus, Jugend und Sport des Landes Baden-Württemberg in Zusammenarbeit mit dem Landesinstitut für Schulentwicklung Stuttgart (2004): *Bildungsplan Gymnasium.* Bildungsstandards Deutsch. (http://www.bildung-staerkt-menschen.de/service/downloads/Bildungsstandards/Gym/Gym_D_bs.pdf)

Wegener, H. (2000): Da, denn und weil - der Kampf der Konjunktionen. Zur Grammatikalisierung im kausalen Bereich. In: Thieroff, R. et al (Hrsg.): *Deutsche Grammatik in Theorie und Praxis.* Tübingen, 69–81.

Zähringer, R. (in diesem Band): Sprachproduktivität im Chat und Linguistik in der Schule, 53-63.

Thema „Ambiguität“ im Deutschunterricht

(Ariane Hohl, Joachim Paric, Carla Zimmer)

1. Einleitung

Der Begriff „Ambiguität“ ist entlehnt vom lateinischen „ambiguitās“ und wird gemeinhin mit Doppelsinn, Zweideutigkeit oder auch Mehrdeutigkeit übersetzt. Die sprachwissenschaftliche Definition dieses Begriffs nach Bußmann lautet wie folgt:

> Eigenschaft von Ausdrücken natürlicher Sprachen, denen mehrere Bedeutungen zukommen. Ambige Ausdrücke sind (isoliert betrachtet) semantisch unbestimmt und folglich präzisionsbedürftig. Ambiguität zeichnet sich gegenüber Vagheit dadurch aus, dass das Präzisierungsspektrum als diskret wahrgenommen wird. (Bußmann 2003: 73)

Je nach Bezugsort und Art der Ambiguität unterscheidet man nach:[1]

1. Lexikalischer Ambiguität mit ihren beiden Unterarten der Polysemie und Homonymie
2. Syntaktischer Ambiguität
3. Skopusambiguität
4. Kontextueller Ambiguität

In einem ersten Teil gilt es, das Fundament für die Behandlung der verschiedenen Aspekte der Ambiguität zu legen, d.h. wir werden zunächst den Alltagsbegriff „Wort“ durch den Fachterminus „Lexem“ ersetzen, um die zwei Formen (Polysemie und Homonymie) lexikalischer Ambiguität unterscheiden zu können. Dann gilt es, die Besonderheiten der syntaktischen Ambiguität näher zu beleuchten sowie abschließend einen Blick auf die kontextuellen Mehrdeutigkeiten zu werfen.

In den daran anschließenden Teilen soll ein sinnvoller Bezug zum Unterricht beispielhaft hergestellt werden. Dabei liegt der inhaltliche Schwerpunkt beim Satzbau und der Satzbedeutung. Denn neben dem mehrdeutigen Einzelwort können auch grammatikalisch unklare Satzstrukturen zu Verunsicherung in Verständnisprozessen führen. Ursache ist die relativ freie Stellung der Satzglieder im Deutschen. Und

---

[1] Die Besonderheiten der einzelnen Ausprägungen von Mehrdeutigkeiten werden im fachwissenschaftlichen Teil dieser Arbeit näher erläutert. Freilich existieren noch weitere Arten von Ambiguitäten; die Relevanz der einzelnen Formen erklärt die hier vorgenommene selektive Auswahl.

gerade ein funktionaler Grammatikunterricht kann Schüler dazu anregen, das Spiel mit grammatischen Ambiguitäten zu durchschauen. Die Schüler sollen lernen, ihre mündlichen und natürlich auch ihre schriftlichen Äußerungen zu kontrollieren und auf Mehrdeutigkeiten hin abzuklopfen. Und auf diese Weise eine unklare Ausdrucksweise von vornherein zu verhindern. Sinnvoll wäre auch die umgekehrte Variante, die Mehrdeutigkeit auszunutzen zwecks Verdunkelung des Textsinnes. Kurz, das Ziel dieser Arbeit ist es, einen Weg aufzuzeigen, wie eine Sensibilisierung der Schüler für verschiedene Formen der Unklarheit oder Mehrdeutigkeit erreicht werden kann.

2. Fachwissenschaftliche Grundlegung

2.1. Lexeme

Ein Lexem ist eine abstrakte Basiseinheit des Lexikons auf der Langue-Ebene. Sprache wird dort als ein abstraktes System von Zeichen und Regeln verstanden (vgl. Bußmann 2003: 389). Man unterscheidet zwischen Lexemen und komplexen Lexemen. Erstere bezeichnen einfache Ausdrücke (Fels, Strand, Bier, Palme) mit lexikalischer Bedeutung[2] (=Wortbedeutung). Einzelne Worte tragen also eine bestimmte Wortbedeutung. Daneben gibt es auch komplexe Ausdrücke (kleiner Zeh, grauer Star, dicke Bohne) oder komplexe Lexeme mit einer lexikalischen Bedeutung, die extra gelernt werden müssen. Das sind so genannte Idiome wie „das Handtuch werfen" oder „mit ihm kann man Pferde stehlen"; diese Bedeutung ergibt sich nicht aus der Summe der einzelnen Worte – die Bedeutung ist also nicht kompositional, sondern sie muss wie bei den Lexemen im Gedächtnis gespeichert werden. Alle Arten von Lexemen bilden das Lexikon einer Sprache, einer komplexen Struktur im Kopf der Menschen.

Bislang haben wir lediglich von Ausdrücken mit lexikalischer Bedeutung gesprochen, Lexeme verweisen aber noch auf weitere Bedeutungsaspekte. So gehören die einzelnen Lexeme zu unterschiedlichen grammatischen Kategorien, wie transitives /intransitives /ditransitives Verb, Nomen, Adjektiv usw. Im Deutschen ist es möglich, dass Ausdrücke als Elemente verschiedener Kategorien verwendet werden können. „Essen" gibt es beispielsweise als Nomen und als Verb,

2 In unserem Kopf ist ein Lexikon angelegt, in dem alle Wörter, die wir kennen, mit ihren Bedeutungen gespeichert sind und uns zur Verfügung stehen. Gespeicherte Bedeutungen werden daher lexikalische Bedeutungen genannt. (siehe: Löbner 2003: 14)

dementsprechend existieren dafür verschiedene Lexeme. Daneben besitzen manche Elemente grammatischer Kategorien inhärente grammatische Eigenschaften, so zum Beispiel das Nomen das Genus. Ferner wird durch die grammatischen Kategorien bestimmt, welche grammatische Form einen Ausdruck bildet. Dabei gibt es im Deutschen große Unterschiede. Es gibt flektierbare (Verb, Nomen, Adjektiv usw.) und nicht-flektierbare Kategorien (Konjunktionen, Präpositionen usw.). All diese Informationen zur Bildung der besonderen Formen sind im Lexikoneintrag gespeichert. Jede grammatische Form, d.h. jede konkrete Realisierung eines Lexems hat eine gesprochene oder orthographische Form: eine Lautform oder eine Schriftform. Die beiden Lexeme „essen" und „Essen" etwa bilden dieselbe Lautform, aber eine unterschiedliche Schriftform. Im Prinzip ist jede der aufgeführten Angaben konstitutiv, d.h. wenn sich zwei Ausdrücke in nur einer davon unterscheiden, sind sie verschiedene Lexeme (vgl. Löbner 2003: 53ff.). Alle genannten Eigenschaften machen ein Lexem aus und werden im Lexikon gespeichert.

2.2. Lexikalische Ambiguität

Lexikalische Ambiguität ist eine Art der Mehrdeutigkeit, die sich auf die lexikalischen Einheiten selbst bezieht. Mit anderen Worten: Unter lexikalischer Ambiguität versteht man Ausdrücke mit derselben Laut- und/oder Schriftform, die mehr als eine lexikalische Bedeutung tragen. Es gibt hierbei wieder unterschiedliche Typen: Homonymie und Polysemie. Vereinfacht gesagt, handelt es sich bei Homonymie um Lexeme mit verschiedenen Bedeutungen, die zufällig dieselbe Form haben (Vergleiche hierzu die beiden Begriffspaare: Bank/Banken vs. Bank/Bänke). Unter Polysemie versteht man dagegen ein Lexem, das ein Spektrum von zusammenhängenden Bedeutungsvarianten hat: Zum Beispiel nennt der Duden für das Wort „Seite" elf Bedeutungen (vgl. Kunkel-Razum 2003). Alle diese Bedeutungsvarianten hängen eng zusammen, weswegen man nur ein Lexem annimmt (vgl. Löbner 2003: 58). Homonymie heißt also nichts anderes als das Auftreten von gleichen Namen für unterschiedliche Phänomene.

Häufig sind Fälle von partieller Homonymie. Dabei stimmen nicht alle Formen vollkommen überein. Ein solches Beispiel ist etwa die unterschiedliche Pluralbildung bei Banken (Kreditinstitute) und Bänke (Sitzgelegenheiten). Schlussendlich kann sich Homonymie entweder auf die Lautform oder die Schriftform beziehen: Lexeme mit derselben Schriftform respektive Lautform nennt man Homographe beziehungsweise Homophone. Beispielsweise sind die Wörter „Seite“ und „Saite“ Homophone, aber keine Homographe. „Tenor“ mit Betonung auf dem ersten Vokal bzw. zweiten Vokal sind Homographe, aber keine Homophone (vgl. ebd.: 59).

Bei Polysemie haben wir im Unterschied zur Homonymie nur ein Lexem, das aber unterschiedliche Bedeutungsvarianten aufweist. Auch wenn diese Varianten einen engen Bezug zueinander aufzeigen, so muss doch jede gelernt und gespeichert werden. Polysemie ist das Ergebnis einer ökonomischen Tendenz von Sprache. Statt neue Worte zu erfinden, werden in Gebrauch stehende Worte semantisch erweitert oder reduziert. Zur Veranschaulichung betrachten wir hierzu folgende Beispiele:

(1) a. Das *Parlament* steht direkt am Fluss.
    b. Das *Parlament* hielt gestern eine Sitzung ab.

Hier haben wir den Eindruck, dass systematische Bedeutungsbeziehungen vorliegen. Zum Beispiel kann man mit „Parlament“ auf das Gebäude oder auf die Institution referieren. Das Verhältnis von Polysemie und Homonymie veranschaulicht die nachstehende Grafik (vgl. ebd.: 60ff.):

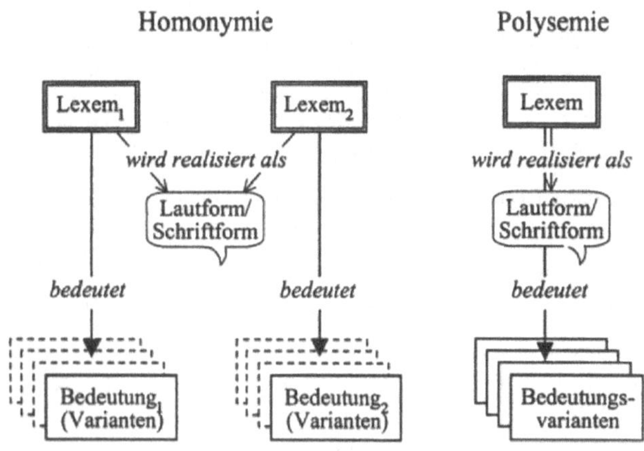

Der Unterschied besteht darin, dass sich bei Homonymie Mehrfachbedeutungen verschiedenen Lexemen zuordnen, während bei Polysemie Mehrfachbedeutungen nur

einem einzigen zugeordnet sind. Wichtig ist, dass homonyme Lexeme jeweils wiederum polysem sein können.
Als dritte Spielart lexikalischer Ambiguitäten bezeichnet man die so genannte Vagheit. Was man unter einem „alten Auto“ oder einem „Berg“ zu verstehen hat, kann sehr unterschiedlich sein. Ab wann gilt ein Auto als alt, ab welcher Höhe gilt ein Hügel als Berg? Man sieht hier einen großen Interpretationsspielraum, der nicht zuletzt wiederum mit sprachökonomischen Gründen zu erklären ist, der darüber hinaus die Sprache extrem flexibel macht. Mit dem Paar „groß/klein“ stellt die Sprache eine flexible Unterscheidung auf einer Skala bereit. Das ist zum Zwecke der alltäglichen Kommunikation viel effektiver als präzise Bedeutungen, zum Beispiel „zwischen 1,70 und 1,80 groß“ sein.
Von der Polysemie/Homonymie unterscheidet sich die Vagheit vor allem in einem Punkt: Zwischen den Bedeutungsvarianten von polysemen/homonymen Lexemen gibt es keine fließenden Übergänge. D.h. ein vager Ausdruck kann in gewissem Grade auf ein bestimmtes Phänomen zutreffen. Auf die Frage, ob Marion „schön“ ist, kann man antworten: ja; ein bisschen, sehr; überhaupt nicht. Ein ambiger Ausdruck dagegen trifft in einer Lesart auf ein Phänomen zu, in der anderen nicht. Auf die Frage, ob Petra ihr Geld zur Bank gebracht hat, kann man antworten: Ja, aber zur Parkbank, auf der sie immer sitzt (vgl. ebd.: 62f.).

2.3. Syntaktische Ambiguität und Skopusambiguität

Selbstverständlich können nicht nur Lexeme, sondern auch komplexe Ausdrücke, insbesondere Sätze, ambig sein. Schließlich ergibt sich die Bedeutung eines Satzes aus dem Zusammenspiel mehrerer Komponenten. Darunter fallen einmal die Bedeutungen der einzelnen Satzelemente, deren grammatische Form sowie die syntaktische Struktur. Sie alle können zur Ambiguität eines Satzes beitragen. Unabhängig von der lexikalischen Ambiguität kann auch die syntaktische Struktur eines Satzes ambig sein.

(2) Lucy beobachtete Joachim mit dem Fernglas.

In diesem Beispielsatz kann die Präpositionalphrase der Nominalphrase „Joachim“ oder dem Verb „beobachten“ zugeordnet werden. Das bedeutet, dass einmal Lucy diejenige ist, die Joachim mit dem Fernglas beobachtet. Im anderen Fall beobachtet Lucy (ohne Fernglas) Joachim, der im Besitz des Fernglases ist. Sätze von dieser Art nennt man syntaktisch ambig. Ihr Aufbau kann auf unterschiedliche Weise aufgefasst werden, was dann zu mehreren Lesarten führt (vgl. ebd.: 63f.).

Die syntaktische Mehrdeutigkeit muss besonders von der so genannten Skopusambiguität unterschieden werden. Auch diese ist aus strukturellen, nicht aus lexikalischen Gründen ambig. Wir haben gesehen, dass syntaktische Ambiguität nur dann vorliegt, wenn der betreffende Ausdruck syntaktisch mehrdeutig ist. Skopusambiguität liegt dagegen vor, wenn die Beziehung zwischen den Skopi von logischen Teilausdrücken des betreffenden Ausdrucks mehrdeutig ist. Die Skopusambiguität bezieht sich also auf Quantoren, bei denen nicht klar ist, wie weit ihr Skopus reicht (vgl. Zoglauer 1999: 79f. und Dölling 2009). Der Satz „Alle Manager sind nicht korrupt." kann demzufolge zwei Lesarten haben:

1. Für alle Manager gilt, dass sie nicht korrupt sind.
2. Es gilt nicht für alle Manager, dass sie korrupt sind.

2.4. Kontextuelle Ambiguität

Wenn man nun Sätze nicht nur für sich allein genommen betrachtet, sondern in einem bestimmten Kontext, werden die Bedeutungen von Sätzen und Wörtern unter Umständen verändert. Wenn man sich beispielsweise den Satz „Ich brauche dein Fahrrad nicht" anschaut, kann man sich unterschiedliche Konstellationen vorstellen, in denen dieser geäußert wird. Dieser Satz kann etwa bei einem Kartenspiel ausgesprochen werden oder bei einem Telefongespräch zwischen zwei Freunden. Im ersten Fall nimmt man an, dass „dein Fahrrad" nicht auf ein wirkliches Fahrrad referiert, sondern auf eine Karte mit einem Bild eines Fahrrads. Diese Deutung beruht auf einer Bedeutungsverschiebung des Wortes „Fahrrad", dabei wird die lexikalische Bedeutung des Wortes durch eine verwandte Bedeutung ersetzt. Diesen neuen Typ von Ambiguitäten bezeichnet Löbner als „kontextuelle Ambiguitäten", da sie ausschließlich in einem bestimmten Kontext auftreten.

Es werden drei grundlegende Bedeutungsverschiebungen unterschieden: metonymische bzw. metaphorische Verschiebung und Differenzierung. Die metonymischen Verschiebungen zeichnen sich dadurch aus, dass sie die Referenz eines Konzepts auf seine Komponenten verlagern. In dem Satz „Die Universität liegt im Süden." wird die wörtlich Bedeutung von „Universität" (im Sinne einer

Institution) auf eine ihrer Komponenten verschoben (hier zum Beispiel auf „Universitätsgelände"). Bei einer Metapher werden dagegen Konzepte für Dinge aus einem „Herkunftsbereich" entliehen, um damit Dinge in einem anderen Bereich („Zielbereich") zu beschreiben. In dem Satz „Heute leben die Literaten wie ein Hund im Brunnen." ist der Herkunftsbereich das Bild eines Hundes, der im Brunnen lebt, der Zielbereich sind die Lebensumstände litauischer Literaten (vgl. Löbner 2003: 68ff.). Die letzte Art der Bedeutungsverschiebung ist die „Differenzierung". Sie lässt sich ganz allgemein als eine Bedeutungsverschiebung bezeichnen, deren Resultat ein Spezialfall der ursprünglichen Bedeutung ist. Man kann sich beispielsweise vorstellen, einen Freund auf ganz unterschiedliche Weise zu verlieren, zum einen als Person, zum anderen als Freund oder auch im Sinne von „aus den Augen verlieren". In allen diesen Fällen bedeutet „verlieren" so viel wie „aufgehört zu haben". Der jeweilige Kontext steuert jeweils bei, was konkret unter „haben" zu verstehen ist (vgl. ebd.: 71f.).

3. Legitimation des Themas für den Deutschunterricht

Während im ersten Kapitel der Fokus auf den fachwissenschaftlichen Aspekt des Themas „Ambiguitäten in der deutschen Sprache" gelegt wurde, soll nun die Frage geklärt werden, ob und inwieweit ein solches Thema überhaupt für den gymnasialen Deutschunterricht relevant ist. Dazu wird an erster Stelle dargestellt, was für eine Bedeutung Ambiguitäten im gegenwärtigen Leben der Schüler haben und was für eine Rolle sie im zukünftigen Leben der Kinder spielen werden. Des Weiteren soll untersucht werden, was für einen Nutzen die Behandlung des Themas im Unterricht für den Schüler bringen könnte.

3.1. Gegenwarts- und Zukunftsbedeutung von Ambiguitäten für den Schüler

Ambiguitäten gehören zu den Phänomenen in der deutschen Sprache, mit denen Kinder schon früh in Berührung kommen. Schon im Kindergartenalter beginnen Kinder damit, Witze aufzuschnappen und sich gegenseitig zu erzählen. Analysiert man etwas genauer die Pointe eines Witzes, so sieht man in den meisten Fällen, dass die Pointe auf der Ambiguität eines Wortes, einer Phrase oder eines ganzen Satzes beruht, die die Komik hervorruft.

(3) Was ist der Unterschied zwischen einem Beinbruch und einen Einbruch?
Antwort: Nach einem Beinbruch muss man drei Monate liegen, nach einem Einbruch drei Monate sitzen. (Polysemie des Wortes ‚sitzen')

Während die ersten Witze oder Scherzfragen, die sich Kinder erzählen, oftmals auf simpler oder besser gesagt auf offensichtlicher Mehrdeutigkeit beruhen (meist Homonymie, Polysemie oder phonologischer Ambiguität), werden die Sprachspiele mit wachsendem Alter eher diffiziler. Dies deutet darauf hin, dass Kinder das Gefühl für Ähnlichkeit, Verwechslungsgefahr und Mehrdeutigkeiten von Worten und Sätzen auch in ihrer Muttersprache erst einmal entwickeln müssen. So sind also Ambiguitäten schon früh Teil des kindlichen Spracherlebens, sodass auch schon die jüngeren Schüler einen gewissen Erfahrungswert für dieses Thema in den Deutschunterricht mitbringen. Für sie wird es wohl vor allem interessant sein, zu entdecken, was für verschiedene Bedeutungen Wörter und Sätze haben können, und ansatzweise sprachlich zu analysieren, warum ein bestimmter Witz überhaupt witzig ist. Da auch viele Rätsel auf Ambiguität aufbauen und Kinder gerne Rätsel lösen, wird es sicherlich spannend für sie sein, zu erfragen, worin die Schwierigkeit besteht, bestimmte Rätsel zu lösen und dann die Mehrdeutigkeit als Ursache dafür zu entdecken.

Die Beschäftigung mit dem Thema „Ambiguitäten" ist aber nicht nur für die Unterstufe geeignet, sondern bietet sich auch für die oberen Klassen an. Während bei den jüngeren Schülern der Fokus noch darauf gesetzt wird, Ambiguitäten in der Sprache überhaupt zu entdecken und zu erkennen, wird es für die älteren Schüler eher von Interesse sein herauszufinden, wo in ihrem Lebensumfeld Ambiguitäten gezielt eingesetzt beziehungsweise vermieden werden und was für grammatische Strukturen ihnen zugrunde liegen. Tatsächlich sind Ambiguitäten ein festes, häufig angewandtes Mittel in Werbung (vgl. (4a) und Politik (vgl. (4b). Viele Werbeslogans oder Wahlkampfsprüche, mit denen die Schüler tagtäglich im Fernsehen, Radio, auf Werbeplakaten oder Prospekten konfrontiert werden, enthalten Ambiguitäten:

(4) a. Guten Freunden gibt man doch ein Küsschen. - Oder zwei. - Oder drei.
Ferrero Küsschen (http://www.aphorismen.de)

b. Die FDP läuft nur noch in Sandalen rum, um zu demonstrieren, dass sie nach allen Seiten offen ist!
Die PDS läuft barfuß rum, damit man ihnen bloß nichts in die Schuhe schieben kann.
*Willi Meurer, (*1934),deutsch-kanadisch. Kaufmann, Aphoristiker und Publizist*
(vgl. ebd.)

Gerade die Werbung gebraucht und verwendet Ambiguitäten, um einen nachhaltigen Effekt zu erzielen. Durch die auf das angepriesene Produkt abgestimmte Ambiguität wird der Betrachter zu einer eigenen Denkleistung veranlasst, bei der er die richtige Bedeutung selbst entschlüsselt. Durch dieses „Aha-Erlebnis" bleibt der Werbespruch dem Betrachter hängen und die Wirkung, die sich die Werbebranche erhofft, ist erreicht.
Doch auch in der Alltagssprache treten Mehrdeutigkeiten häufiger auf, als man meinen würde. Die Schüler kennen es aus dem Alltag, dass sie z.B. Aussagen von Eltern, Freunden oder Bekannten falsch verstanden haben, weil diese sich nicht präzise genug ausgedrückt haben und somit eine weitere Deutungsmöglichkeit offen war. Nur um ein kleines Beispiel zu nennen:

(5) Um ein Uhr kommst du aber bitte nach Hause!
Deutungsmöglichkeiten: a) um ein Uhr mittags, b) um ein Uhr nachts

Dies bietet einen guten Anknüpfungspunkt, der den Schülern den Zugang zu diesem Thema öffnet. Da Mehrdeutigkeit ein normales Phänomen einer natürlichen Sprache ist, wird die Beschäftigung mit diesem Thema nicht mit der Schulzeit aufhören, sondern die Schüler in alle Bereiche des Lebens begleiten. Gerade in der Berufswelt kann man immer wieder beobachten, wie in den jeweiligen Fachsprachen durch Definitionen und strenge Zuordnung zu terminologischen Feldern versucht wird, mögliche Mehrdeutigkeiten von Begriffen oder Formulierungen auszuschließen. Dies endet nicht selten damit, dass Formulierungen sehr umständlich wirken, da die Sätze sehr kompliziert oder verschachtelt werden. Dies kann man sehr deutlich in der Amtssprache und in Gesetzestexten erkennen. Doch nicht nur im Berufsleben, sondern auch in der alltäglichen Kommunikation mit anderen Menschen ist es von großer Wichtigkeit, sich präzise und eindeutig ausdrücken zu können, sodass Missverständnisse und damit Konfliktsituationen vermieden werden können. Ein bewusster Umgang mit Ambiguitäten, d.h. sie bewusst einzusetzen oder zu vermeiden gehört zu den Grundfertigkeiten, die sich ein Mensch aneignen sollte, um rollen- und situationsgerecht kommunizieren zu können.

3.2. Ziele des Grammatikunterrichts über Ambiguitäten

Der sprachdidaktische Unterricht dient nach Angela Mielke dazu, dass der Schüler sprachliche Kompetenzen entwickelt, die wiederum zur „Entwicklung der Persönlichkeit mit den Komponenten soziale Verständigung, Urteilsfähigkeit und Gestaltungsfähigkeit, für den Umgang mit Texten im Allgemeinen sowie Literatur und anderen künstlerischen Ausdrucksformen im Speziellen und letztlich auch für die Reflexion über Sprache selbst" (Mielke 2003: 711) beiträgt. Dazu gehört, dass der Deutschunterricht dazu beitragen muss, dem Schüler zur vollen Entwicklung einer kommunikativen Kompetenz, d.h. der Fähigkeit zu rollen- und situationsgerechter Kommunikation zu verhelfen (vgl. Sorowski 1975: 187). Das beinhaltet, dass der Schüler in der Lage sein soll, sprachliche Mittel, d.h. auch Ambiguitäten, so einzusetzen oder eben zu vermeiden, dass die Kommunikation zur optimalen Verständigung zwischen den Kommunizierenden wird. Um aber einen gezielten Umgang mit diesem sprachlichen Mittel zu gewährleisten, muss der Schüler dafür sensibilisiert werden, dass er auf Mehrdeutigkeiten von Wörtern oder Sätzen achtet, diese erkennt und – wenn nötig – analysiert, worauf die Ambiguität beruht und weshalb diese eingesetzt wurde. Im baden-württembergischen Bildungsplan für Gymnasien für die Klasse 8 ist der Wortlaut unter dem Unterpunkt „Sprachbewusstsein entwickeln" folgendermaßen:

> Die Schülerinnen und Schüler können:
> auffällige sprachliche Mittel in Texten auf eine zu Grunde liegende kommunikative Absicht beziehen;
> syntaktische (Parataxe, Hypotaxe) und semantische Stilmittel (Synonym, mehrdeutiger Ausdruck, Metapher, Vergleich) benennen und ihre Funktion im Text beschreiben (auch Alltagssprache, Werbung);
> die Kenntnis sprachlich-stilistischer Mittel bei der Analyse von Texten nutzen. (Baden-Württemberg, Ministerium für Kultus und Sport 2001: 84)

Ist der Schüler erst einmal für Ambiguitäten in der deutschen Sprache sensibilisiert, wird er nicht-eindeutige Aussagen schneller erkennen. Das wird ihm dazu verhelfen, dass er grammatisch unklare Äußerungen sofort hinterfragen und potenzielle Quellen für Missverständnisse gleich beseitigen kann, sodass Konflikte vermieden werden können. Ein bedeutender Vorteil davon, dass die verschiedenen Arten von Ambiguitäten im Deutschunterricht grammatisch genauer analysiert werden, ist, dass der Schüler lernt, Sprache als System wahrzunehmen und sich distanziert mit Ausdrucksweise und Wirkung des Gesagten auseinanderzusetzen. Dadurch bildet er ein größeres sprachliches Bewusstsein aus und wird dazu befähigt, auch eigene Aussagen sprachlich kritisch zu reflektieren.

Die Thematik der Mehrdeutigkeit ist, wie oben schon erwähnt, keineswegs nur für die Unterstufenklasse von Bedeutung. Der Bildungsplan sieht auch für die gymnasiale Kursstufe vor, dass die Schülerinnen und Schüler

> semantische Erscheinungen wie Ein- und Mehrdeutigkeit, Denotation und Konnotation erkennen und sie bei der eigenen Sprachproduktion verwenden [können]. (ebd.: 89)

Somit ist klar, dass dieses Thema für die Entwicklung der geforderten Kompetenzen des Schülers von großem Nutzen ist.

3.3. Welchen Nutzen für den Literaturunterricht bringt es, das Thema zu behandeln?

Ein wichtiger Teil des Deutschunterrichts ist die Beschäftigung mit Literatur, weshalb auch die Bedeutung des Themas Ambiguität für den Literaturunterricht gezeigt werden soll. In der Literatur zeigt sich in der reinsten Form, wie Sprache als Medium und Kommunikationsmittel verwendet werden kann. Sprachliche Mittel, wie Ironie, Übertreibungen, Ambiguität u.a., werden hier bewusst eingesetzt, um eine bestimmte Wirkung zu erzielen.

Gerade in der Satire, in Anekdoten oder in Komödien sind Ambiguitäten zentrales Element. Immerhin ergibt sich die Komik dieser Texte oftmals aus ambigen Situationen oder aus Missverständnissen, die auf Grund von einfacher Polysemie oder Homonymie oder aber mehrdeutigen Satzkonstellationen entstanden sind. Damit leuchtet es ein, dass ein Schüler erst einmal verstanden haben muss, was

Mehrdeutigkeiten sind und wie diese erzeugt werden können, bevor er sich analytisch mit einer der genannten Textsorten auseinandersetzen kann.
Somit gibt der Grammatikunterricht dem Literaturunterricht an dieser Stelle ein notwendiges Mittel zur Textanalyse an die Hand, ohne das eine ausgefeilte Textanalyse bei einigen literarischen Texten kaum möglich ist.

3.4. Voraussetzungen und mögliche Probleme

Damit sich die Schüler mit dem Thema Ambiguitäten ohne größere Schwierigkeiten im Unterricht beschäftigen können, sollten ihnen zum einen die grammatischen Begrifflichkeiten zur Bestimmung von Satzgliedern und Wortarten bekannt sein. Zum anderen sollten sie in der Lage sein, Sätze auch entsprechend auf Satzstruktur hin analysieren können.
Probleme bei der Vermittlung des Stoffs können dann auftreten, wenn die Schüler noch zu unsicher im Umgang mit der Syntax sind, weshalb darauf geachtet werden sollte, dass sie darin genügend gefestigt sind, bevor „Ambiguitäten in der deutschen Sprache“ thematisiert werden sollten. Zu Schwierigkeiten könnte es auch dadurch kommen, dass die verschiedenen Arten der Ambiguitäten mit besonderen Fachbegriffen benannt sind, sodass es bei der Fülle von Fremdwörtern zu Verwirrung kommen könnte. Allerdings sollte man gerade in der Oberstufe eine solche Lernleistung erwarten können. Zur Hilfestellung sollte die Lehrkraft den Schülern aber erklären, wie sich der jeweilige Fachbegriff zusammensetzt, was es den Schülern erleichtern wird, ihn sich zu merken.

3.5. Vermittlung des Themas durch induktiven Grammatikunterricht

Da systematischer Grammatikunterricht von Schülern oftmals als trockener Unterricht empfunden wird, ist es sinnvoll, sich um Alternativen zu bemühen. Eine Alternative wäre dabei der integrative Grammatikunterricht. Dabei handelt es sich um eine Unterrichtsform, in dem die Schüler grammatische Phänomene anhand eines Textes oder anhand von Sätzen und Phrasen selbst erarbeiten und entdecken sollen. Dabei werden die Phänomene im Vorfeld nicht benannt oder erläutert. Erst im Anschluss, wenn die Schüler selbst Regelhaftigkeiten herausgefunden haben, werden diese klassifiziert. Durch diese Vorgehensweise wird es den Schülern sehr viel

deutlicher, wie man zu einer Grammatik gelangt. So bekommen sie Einsicht in den Bau und das Funktionieren von Sprache. Nachweislich behalten Schüler den Stoff besser, den sie sich selbst erarbeitet haben.
Zudem ist es wesentlich spannender für Schüler, erst einmal selbst Regelhaftigkeiten eines bestimmten Phänomens aus Beispielen herauszulesen und diese wiederum an anderen Beispielen zu erproben. Das weckt einerseits den Entdeckergeist und andererseits wird die Motivation durch Erfolgsgefühle gesteigert, wenn die Schüler die richtige Regel hinter dem grammatischen Phänomen entdeckt haben.

4. Exemplarisches Unterrichtsmaterial – Ambiguitäten im Deutschen

Um bei den Schülern Interesse für das Thema zu wecken, ist ein sogenannter „Aufhänger" besonders wichtig. Vor allem in der Werbung findet man häufig Ambiguitäten in den Slogans, aber auch in allgemeinen Zeitungsschlagzeilen oder im Roman, den man gerade in der Schule liest. Auch viele Witze und lustige Sprüche basieren auf Ambiguitäten, sodass es eigentlich keine Grenzen bei der Suche eines Aufhängers geben sollte. Generell kann man sagen, dass Zeitungsschlagzeilen, Witze oder Werbeslogans bei den Schülern zum Bearbeiten dieses Themas besser geeignet sind, da sie eine Abwechslung zu den gängigen Themen des Deutschunterrichts bieten und prinzipiell bei allen bekannt sind.
Eine schöne und gleichzeitig lustige Überschrift wäre dann zum Beispiel: „Jetzt gibt es Strom auch bei Lidl und Kaufland"[3], eine Schlagzeile die im Dezember 2007 in der Zeitung „Welt" erschien. Die Mehrdeutigkeit des Satzes liegt auf der Hand. Lidl und Kaufland verkaufen Strom, aber schließlich könnte die Schlagzeile genauso gut bedeuten, dass die beiden Kaufhäuser bisher ohne Strom auskamen, sich aber nun dazu entschlossen haben, das Mittelalter hinter sich zu lassen und ab dem kommenden Montag elektrisches Licht zu nutzen, sowie Kühlaggregate, die mit Strom betrieben werden etc.
Ein weiterer Schritt, der auf jeden Fall vorgenommen werden sollte, ist die Aufschlüsselung des Fremdwortes „Ambiguität", das von dem lateinischen „ambiguitās" stammt, da so der Begriff für den Schüler mit Sinn gefüllt wird und deshalb besser gemerkt werden kann. Ein deutsches und gut verständliches

[3] http://www.welt.de/wirtschaft/article1439698/Jetzt_gibt_es_Strom_auch_bei_Lidl_und_Kaufland.html

Äquivalent des Wortes wäre zum Beispiel Zweideutigkeit, Doppeldeutigkeit oder Mehrdeutigkeit. In Fremdsprachen, die an den Schulen unterrichtet werden, wie Englisch, Französisch, Spanisch oder Italienisch, gibt es jeweils die entsprechende Vokabel; anders als im Deutschen, findet man diese auch im allgemeinen Sprachgebrauch:

(6) **ambiguity** (engl.), **ambiguïté** (franz.), **ambigüedad** (span.), **ambiguità** (ital.).

Manche Schüler mögen also dem Substantiv „Ambiguität" oder dem Adjektiv „ambigue" in den Fremdsprachen schon begegnet sein.
Wie kommen aber diese Ambiguitäten überhaupt zustande? Und warum werden sie von vielen Leuten gar nicht erst bemerkt? Wie kann man verhindern, dass Äußerungen ambig sind und somit falsch verstanden werden können? All diese Fragen können anhand von aktuellem und zum Teil lustigem Material von den Schülern bearbeitet werden. Vorerst ist es aber wichtig, ihnen erst einmal die verschiedenen Typen von Ambiguitäten vorzustellen. Damit die Schüler die Möglichkeit bekommen, dem Phänomen „Ambiguität" selbst zu begegnen, wird ihnen ein Text ausgeteilt, in dem sich alle verschiedenen Typen der Ambiguität finden lassen. Nun sollen die Schüler in Partnerarbeit den Text auf Mehrdeutigkeiten untersuchen und versuchen, folgende Fragen zu beantworten: Warum kann ein Satz falsch verstanden werden? Liegt es an einzelnen Wörtern, an Satzteilen oder an der Struktur des Satzes, dass eine Mehrdeutigkeit zustande kommt? Im nächsten Schritt sollen die Schüler die Beispielsätze mindestens drei verschiedenen Kategorien zuordnen, die von den Schülern selbstständig definiert werden sollen. Der Lehrer zeichnet eine Tabelle mit drei Spalten an die Tafel, in die die Schüler die zu dem jeweiligen Ambiguitäten-Typ passenden Sätze eintragen. Eine sinnvolle Einteilung der verschiedenen Typen wäre z.B.:

- Typ I – ein einzelnes Wort löst die Ambiguität aus
- Typ II – die Struktur eines Satzes löst die Ambiguität aus
- Typ III – eine Wortreferenz ist unklar und für die Ambiguität verantwortlich
- (Typ IV) – andere Art von Ambiguität

Im Folgenden kann dann ein Gruppenpuzzle durchgeführt werden. Dazu sollten Stammgruppen zu je drei Leuten gebildet werden. Dann wird jeder der drei Gruppenmitglieder einem Ambiguitäten-Typ zugeteilt. Als nächstes finden sich alle

Schüler, denen der gleiche Ambiguitäten-Typ zugeteilt wurde', in einer neuen Gruppe, einer sogenannten Expertengruppe, zusammen, in denen die Besonderheiten der Auslöser für die Mehrdeutigkeiten in ihren Expertengruppen ausgearbeitet werden sollen. Zum Schluss gehen die jeweiligen Experten in ihre Stammgruppen zurück, wo jeder als Experte seines Ambiguitäten-Typs den anderen seine Ergebnisse präsentiert. Auf diese Weise hat dann jeder Schüler einen Überblick über die verschiedenen Ambiguitäten, die uns täglich begegnen. Ein Handout vom Lehrer, auf dem die Ambiguitäten kurz zusammengefasst sind, vervollständigt dann die gesammelten Informationen.

4.1. Syntaktische Ambiguitäten

Syntaktische Ambiguitäten sind Mehrdeutigkeiten, die sich aus der Satzstruktur ergeben. Eine syntaktische Ambiguität liegt vor, wenn ein Satz mehr als nur eine syntaktisch korrekte Struktur hat. Ein Satzteil lässt sich dann z.B. mehreren anderen Satzteilen zuordnen (vgl. Farke 1994: 85).

a) *Die Polizei beobachtete den Einbrecher mit dem Fernglas.*

Erläuterung: [mit dem Fernglas] kann sich sowohl auf [die Polizei] als auch auf [den Einbrecher] beziehen. Um eine Ambiguität auszuschließen müsste man den Satz also umschreiben, wie etwa in folgenden Beispielen:

→ *Die Polizei benutzte ein Fernglas um den Einbrecher zu beobachten.*
→ *Die Polizei beobachtete den Einbrecher, der ein Fernglas hatte.*

b) *Er verfolgte die Frau auf dem Motorrad.*

Erläuterung: Auch hier liegt eine syntaktische Ambiguität vor, denn man weiß nicht, ob der Mann oder die Frau auf dem Motorrad sitzt.

→ *Er saß auf dem Motorrad und verfolgte die Frau.*
→ *Er verfolgte die Frau die auf dem Motorrad saß.*

4.2. Skopusambiguitäten

Von Skopusambiguitäten ist dann die Rede, wenn zwei Satzglieder (NPs) interagieren. Der Skopus ist der Wirkungsbereich, den bestimmte quantifizierende NPs besitzen.

c) *Einen Kurs hat jeder Student gemacht.*

Erläuterung: Dieser Satz beinhaltet zwei verschiedene quantifizierende NPs (einen + jeder), sodass die Wirkungsbereiche interagieren. Je nachdem bei welcher NP der Skopus größer ist, hat der Satz verschiedene Bedeutungen.

→ *Es gibt einen Kurs, den jeder Student gemacht hat.*
(NP [einen Kurs] > NP [jeder Student])

→ *Jeder Student hat mindestens einen Kurs gemacht, egal welchen.*
(NP [jeder Student] > NP [einen Kurs])

Die Syntax spielt also bei der Skopusambiguität keine Rolle. Die Bedeutung hängt wirklich nur von der Größe des Skopus ab. Diese wird in gesprochener Sprache oft mit der Betonung des jeweiligen Wortes hervorgehoben. Trotzdem ist auch dann eine Verwechslung nicht immer auszuschließen (vgl. Meibauer 2002: 165).

4.3. Lexikalische Ambiguitäten

Bei den lexikalischen Ambiguitäten können wir zwei Gruppen unterscheiden, die Homonymie und die Polysemie.
Eine Homonymie liegt dann vor, wenn man für ein Wort mehrere Lexeme hat, also zwei oder sogar mehrere Lexikoneinträge. Dabei handelt es sich meistens um Substantive oder Adjektive:

d) *Maria sieht durch das Milchglas.*

Erläuterung: „Milchglas" kann im Deutschen verschiedene Bedeutungen haben. Zum Einen stellt es ein Glas mit Milch dar, oder ein Glas, das speziell für Milch ist, weil zum Beispiel „Milch" darauf geschrieben steht (vgl. Saftglas, Bierglas). Zum anderen stellt es einen Typ von Glas dar, der vor allem bei Bad- und Toilettenfenstern benutzt wird und diesen Namen erhalten hat, weil anders als bei normalem Fensterglas, beim

Durchsehen das genaue Erkennen von Gegenständen unmöglich ist, was seiner milchigen Trübung zu verdanken ist.

Um eine ambige Verständnisweise auszuschließen, bietet es sich an, den Satz umzuschreiben:

→ *Maria sieht durch das Glas, das mit Milch gefüllt ist.*
→ *Maria sieht durch das Milchglas des Bades/der Toilette/...*

Um eine Homonymie zu erhalten, müssen die Wörter aber nicht unbedingt im Genus übereinstimmen, was folgendes Beispiel zeigt:

e) Fabian hat viele Laster.

Erläuterung: Auch hier ist unklar, ob Fabian nun viele Lastwagen besitzt (Kurzform: Laster), oder ob er viele Laster hat, also Gewohnheiten, die ihn stören und die er gerne los wäre. Diese Ambiguität kommt aber nur zustande, weil „Laster" im Plural steht. Im Singular wäre eine ambige Verständnisweise auszuschließen.

→ # Fabian hat einen Laster. (der Laster)
→ # Fabian hat ein Laster. (das Laster)

Indem man dem Satz noch etwas hinzufügt, kann man die Ambiguität verhindern:

→ *Fabian hat viele Laster; am liebsten mag er den Roten.*
→ *Fabian hat viele Laster. Eines davon ist das Rauchen.*

Ein Beispiel für eine Homonymie mit einem Adjektiv bietet folgender Satz:

f) Gestern haben sie die Bar neu gestrichen. Und am Abend waren dann alle blau.

Erläuterung: „Blau" hat sich im deutschen Sprachgebrauch auch als synonymes Adjektiv für „betrunken" etabliert, sodass in diesem Satz unklar ist, ob alle am Abend blau von der Anstreichfarbe waren, oder ob sie betrunken waren, nachdem sie die Bar gestrichen hatten.

Die Polysemie liegt dann vor, wenn wir einem Lexem mehrere Bedeutungen zuordnen können, die aber eng miteinander verbunden sind.

g) *Das Parlament:*

1) *Das Parlament tagt heute.*
2) *Das Parlament liegt direkt am Fluss.*

Erläuterung: Sowohl bei Beispiel 1) als auch bei 2) stimmen sämtliche Merkmale überein; es handelt sich also um dasselbe Lexem. Dennoch ist die Bedeutung von „das Parlament" verschieden. Bei Beispiel 1) handelt es sich eindeutig um die Personen, die dem Parlament angehören. Beispiel 2) hingegen spricht vom Gebäude, in dem das Parlament tagt und nicht von den Personen.

4.4. Referentielle Ambiguität

Man spricht von einer referentiellen Ambiguität, wenn nicht eindeutig ist, auf welchen Satzteil ein anderer Satzteil (oft auch aus einem anderen Satz) referiert. Dies ist eine Mehrdeutigkeit, die besonders häufig auftritt.

h) *Der Hammer liegt im Schubkarren. Er ist gelb.*

Erläuterung: [Er] im zweiten Satz kann sich bei dieser referentiellen Ambiguität sowohl auf [der Hammer] als auch auf [Schubkarren] beziehen, da die beiden Substantive dasselbe Genus haben. Eine Lösung wäre das Adjektiv „gelb" als attributives Adjektiv

→ *Der gelbe Hammer liegt im Schubkarren.*
→ *Der Hammer liegt im gelben Schubkarren.*

4.5. Phonologische Ambiguität

Um eine phonologische Ambiguität handelt es sich, wenn Wortfolgen oder einzelne Wörter beim Sprechen gleich klingen und wenn man sie nicht sofort ihrer Funktion zuordnen kann.

i) *Er hat in New York liebe Genossen.*
j) *Er hat in New York Liebe genossen.*

Erläuterung: Beim Lesen fällt uns die phonologische Ambiguität sofort auf, denn wir können anhand der deutschen Rechtschreibung erkennen, ob es sich bei LIEBE GENOSSEN um ein Adjektiv + Substantiv handelt, oder um ein Substantiv + Partizip.

Ganz allein die Betonung des Satzes ist beim Sprechen für diese Ambiguität verantwortlich. Bei Beispiel b) würde man eindeutig das Wort „Liebe“ hervorheben, bei Beispiel a) allerdings bleibt das Adjektiv „liebe“ unbetont.

4.6. Orthographische Ambiguität

Eine orthographische Ambiguität liegt dann vor, wenn die Buchstabenfolge eines Wortes verschiedene Interpretationen zulässt.

m) *Wachstube* ➔ *Wachs – Tube / Wach – Stube*

n) *Tonerkennung* ➔ *Ton – Erkennung / Toner – Kennung*

o) *Blumentopferde* ➔ Blumentopf – Erde / * Blumento – Pferde

Mit Hilfe dieses Blattes können die Schüler nun die Aufgaben des Arbeitsblattes (4.8.) bearbeiten und ihre erworbenen Kenntnisse festigen.

4.8. Arbeitsblätter

Aufgabe 1: **Betrachte folgendes Bild und erläutere, worin die Komik besteht!**

Quelle: Foto vom 13.12.2004
Bahnhofsvorplatz Limburg a.d. Lahn

Quelle: de.wikipedia.org
Zusatzkommentierung
http://gesichtspunkte.de [4]

[4] http://gesichtspunkte.de/wp-content/uploads/2009/07/Stilbluete_Mehrdeutigkeit.jpg

Aufgabe 2:

a) **Auf welche Arten kann man folgende Sätze und Wörter verstehen?**

b) **Schreibe die verschiedenen Bedeutungsmöglichkeiten auf! Schreibe die Sätze so um, dass sie nur noch eindeutig zu verstehen sind!**

c) **Wie nennt man die jeweilige Mehrdeutigkeit?**

1) Darf ich mal das Kleid im Schaufenster anprobieren? (- Natürlich, aber Sie dürfen auch gerne unsere Umkleidekabinen benutzen.)[5]

2) Versteck die Knete in der Küche!

3) Fritz hat Maria nicht verlassen, weil sie ein Kind erwartet.

4) Jeder in diesem Raum spricht mindestens zwei Sprachen.

5) Die Katze biss die Ratte.

6) Der brave Mann denkt an sich selbst zuletzt. (Schiller)

7) Alte Mönchsregel: Wenn deine Augen eine Frau erblicken, schlage sie nieder!

8) Bauernleberwurst

9) Mädchenhandelsschule

10) HAST DU SCHON EINMAL TOTE FLIEGEN GESEHEN?

11) Ein Fräulein ist eine Frau, der zum Glück der Mann fehlt.

12) Tonerkennung

5. Literatur- und Internetverzeichnis

Baden-Württemberg, Ministerium für Kultus und Sport (2001): *Bildungsplan für das allgemeinbildende Gymnasium*. Stuttgart.

Bußmann, H. (Hrsg.) (2003): *Lexikon der Sprachwissenschaft*. Stuttgart.

Farke, H. (1994): *Grammatik und Sprachverarbeitung. Zur Verarbeitung syntaktischer Ambiguitäten*. Opladen.

Kunkel-Razum, K. u.a. (Hrsg.) (2003): *Duden, Deutsches Universalwörterbuch*. Mannheim.

Löbner, S. (2003): *Semantik. Eine Einführung*. Berlin.

Meibauer, J. u.a. (Hrsg.) (2002): *Einführung in die germanistische Linguistik*. Stuttgart.

[5] http://home.arcor.de/ebwegner/doppsinn.htm (gilt für alle Beispiele 1)-11)!)

Mielke, A. (2003): Sprachunterricht in der Sekundarstufe II. In: Bredel, U. et al (Hg.): *Didaktik der deutschen Sprache.* Paderborn, 709-718.
Sorowski, B. (Hrsg.) (1975): *Fachdidaktik Deutsch.* Köln.
Zoglauer, T. (1999): *Einführung in die formale Logik für Philosophen.* Göttingen.
Dölling, J.: *Semantik und Pragmatik.* http://www.unileipzig.de/~doelling/veranstaltungen/sempragl.pdf (14.9.2009).
http://home.arcor.de/ebwegner/doppsinn.htm
http://www.vgt.ch/bedenkliches/bedenkliches-3.htm
http://www.toonpool.com/cartoons/h%C3%B6rt%20aufs%20wort_10719
http://gesichtspunkte.de/wp-content/uploads/2009/07/Stilbluete_Mehrdeutigkeit.jpg
http://www.welt.de/wirtschaft/article1439698/Jetzt_gibt_es_Strom_auch_bei_Lidl_und_Kaufland.html

Sprachproduktivität im Chat und Linguistik in der Schule

(Raphael Zähringer)

1. Einleitung

Chatsprache bietet nicht zuletzt wegen ihrer ungewöhnlichen Stellung zwischen Schriftlichkeit und Mündlichkeit ein vielfältiges und faszinierendes Themenfeld innerhalb der Linguistik. Als Kommunikationsform ist Chatsprache „medial schriftlich und konzeptionell mündlich" beschaffen (Burri 2003: 3). Nauman (1998: 252) verweist dabei auf den technischen Aspekt als Grund für diese Sonderstellung – dementsprechend ist Chatsprache „gesprochene Sprache, die aus technischen Gründen in schriftlicher Form realisiert wird".

Bedingt durch diese Sonderstellung treten allerlei Sprachwandelphänomene auf, beispielsweise existieren Inflektive und Inflektivkonstruktionen wie **knuddel** (vgl. hierzu ausführlich Schlobinski 2001), Zuschreibungsturns oder Enklisen von Personalpronomina wie in *heut gehste aber früh ins Bett* statt *heut gehst du aber früh ins Bett* (vgl. Burri 2003: 11ff.). Dabei greift der Begriff Sprach**wandel** aber eigentlich zu kurz; vielmehr erweist sich der Chat als ein Medium mit hoher Sprach**produktivität**; es werden also neue Formen generiert. In der vorliegenden Arbeit soll ein Ergebnis dieser Produktivität, nämlich durch Zusammenziehen entstehende neue Formverbindungen von definitem Artikel und Präposition, betrachtet werden (wie zum Beispiel *auf der* zu *aufer*). Nach einer linguistischen Analyse soll ein Anstoß gegeben werden, Chatsprache im Allgemeinen und das erwähnte Phänomen im Speziellen für den Deutschunterricht in der Schule fruchtbar zu machen. Neben der bildungskategorialen Analyse nach Klafki sollen auch erste Ideen zur Didaktisierung und Einbindung in den Deutschunterricht formuliert werden.

2. Fachwissenschaftliche Analyse

2.1. Zusammenziehung von Präposition und definitem Artikel

Als Grundlage der Analyse dienen die von Burri (2003) gesammelten Daten, die in zwei IRC-Channels (**I**nternet **R**elay **C**hat) aufgezeichnet wurden. Beide Channels befassen sich mit PCs und computerverwandten Themen. Die Aufzeichnungen erstreckten sich über einen Zeitraum von jeweils ca. 24 Stunden. Burris Interesse konzentriert sich auf die Mechanismen der Verschriftung[1] der Chatsprache. Hierfür werden folgende Dimensionen beziehungsweise Prinzipien genannt:

- Phonetisches Prinzip: Die Schreibweise entspricht der Aussprache.
- Phonologisches Prinzip: Jedem Phonem entspricht ein Schriftzeichen. Nur bedeutungsunterscheidende Laute werden differenziert.
- Etymologisches/morphologisches Prinzip: Der Wortstamm etymologisch verwandter Wörter soll immer gleich geschrieben werden.
- Grammatisches Prinzip: Groß-/Klein-, Zusammen-/Getrenntschreibung und Interpunktion hängen ab von Wortart und syntaktischer Funktion.
- Homonymieprinzip: Gleichlautende Wörter mit unterschiedlicher Bedeutung werden durch verschiedene Schreibweisen unterscheidbar gemacht.
- Historisches Prinzip: Die Schreibweise früherer Sprachstufen bleibt erhalten.
- Ökonomisches Prinzip: Dieses Prinzip bewirkt eine gewisse Sparschreibung. Das Einsparen eines Buchstabens beim Aufeinandertreffen von mehreren gleichen wird nach der neuen Rechtschreibung nicht mehr befolgt. (Burri 2003: 4)

Für eine Betrachtung der neu entstehenden Formen der zusammengezogenen Präposition und definitem Artikel ist Burris Tabelle (ergänzt nach Helbig/Buscha 2001: 348ff.; 355) hilfreich:[2]

	an	*auf*	*bei*	*durch*	*für*	*hinter*
Mask./ Neutr. dem →	am	**auf'm aufm**	beim			**hinterm**
Neutr. das →	ans	aufs		durchs	**fürs**	hinters
Fem. der →		**aufer**				
Mask. den →		**aufn**				hinterm

	in	*über*	*um*	*unter*	*von*	*vor*	*zu*
Mask./ Neutr. dem →	im	überm		unterm	vom	**vorm**	zum
Neutr. das →	ins	**übers**	**ums**	unters		**vors**	
Fem. der →							zur
Mask. den →		übern		untern			

(Fig. 1; vgl. Burri 2003: 10)

---

1 Burri grenzt hier *Verschriftung* von *Verschriftlichung* ab; ersteres ist als „rein mediale Umsetzung vom phonischen ins graphische Medium" aufzufassen, letzteres bezieht sich auf die „rein konzeptionelle Verschiebung in Richtung Schriftlichkeit" (2003: 4) und folgt damit Naumanns Definition von Chatsprache als schriftliche Manifestation von gesprochener Sprache.

2 Hier von mir nochmals leicht modifiziert.

Weiße Felder kennzeichnen standardsprachliche Formen; alle grau schattierten Felder beinhalten umgangssprachliche Formen. Die davon fett hervorgehobenen Formen wurden in den Channels aufgezeichnet. In den Channels aufgetretene Neubildungen sind dunkelgrau gehalten. Die einzelnen Formen im Äußerungskontext (hier von mir fett hervorgehoben; alle zitiert nach Burri 2003: 10) sind:

(1) <Raz> wenn ich hier alles ausstelle, fuehle ich mich wie **auf'm** Friedhof, rantanplan :)

(2) <Bimbo> bei dir **aufm** Bildschirm vielleicht

(3) <Schlummi> es haben doch so viele Typen ihre dokus als pdf **aufm** Netz

(4) <Schlummi> habs zuerst **aufm** word geschrieben und mich grün und blau geärgert

(5) <blackdeath> wenn ich **aufm** ftp connecten will bekomm ich immer 425 cannot open data connection (10060).

(6) <TheMatrix01> also al wenn es **aufm** Tisch liegt und auch richtung Tischkante knipst (hocke)

(7) <konny> ich hab da ja angerufen und der stand gerade **aufer** autobahn und hatte nen platten :) er meinte ich soll morgen nochmal anrufen

(8) <foxi> aber das fluxbox diese scheiss warning incl 5 skes wartezeit ausspcukt geht mir echt **aufn** sack

Hier werden also *auf dem* zu *auf'm* beziehungsweise *aufm*, *auf der* zu *aufer* und *auf den* zu *aufn* zusammengezogen; dem entsprechen standardsprachliche Zusammenziehungen wie beispielsweise *an dem* zu *am* oder auch *zu der* zu *zur*. Hiermit macht Burri die hohe Produktivität vor allem der Präposition *auf* deutlich. Weniger häufig kommen Formen mit *aus* und *mit* vor:

(9) <mfn|still_vs|qt3> onkelchen: wenn das nu ne bin ich spring ich **aus'm** Fenster

(10) <foxi> bin ma **mim** hund gassi der nervt mich

In diesem Zusammenhang wären weitere empirische Untersuchungen sehr aufschlussreich; möglicherweise bilden sich parallel zu den in Burris Studie vor allem mit der Präposition *auf* gebildeten Formen weitere mit anderen. *An* + *der* könnte *aner* ergeben, *in* + *der* ließe sich zu *iner* zusammenziehen. Auch Analogformen mit *dem* wären denkbar (*anem*, *inem*).

2.2. Grammatische Konsequenz

Verblüffend an den im Chat produzierten Formen ist vor allem, dass die Neubildungen zwar als ungrammatisch gelten, tatsächlich aber das standardsprachliche Prinzip konsequent weiterführen, sprich: die Neubildungen funktionieren nach dem gleichen Schema, wie sie bereits in der Umgangssprache und – wenn auch in kleinerem Umfang – in der Standardsprache gebräuchlich sind. Tatsächlich scheint es kein starkes linguistisches Argument für eine grammatische Inkorrektheit der analogen Neubildungen zu geben.[3] Was die vorab beschriebenen Prinzipien des Sprachwandels angeht, so ist hier das Phonetische Prinzip als ausschlaggebend zu nennen. Die Schreibweise wird der Aussprache angeglichen und folgt damit gleichzeitig der Sprach- beziehungsweise Sprechökonomie (vgl. Burri 2003: 11). Beispiel (7) weicht von den anderen Formen ein wenig ab, da hier das bei der Artikulation zu einem Schwa reduzierte *e* ausgeschrieben wird (*aufer* statt, gemäß den anderen Formen, *aufr*), das bei anderen Formen bereits getilgt ist. Eine mögliche Erklärung wäre in der Technik zu finden – nämlich in der Tatsache, dass *e* und *r* auf dem Keyboard direkt nebeneinander liegen und man die beiden Tasten beinahe automatisch nacheinander betätigt (mit Mittel- und Zeigefinger der linken Hand), wohingegen es umständlicher ist, *e* und *n* beziehungsweise *m* nacheinander zu tippen. Hier scheint gewissermaßen neben einer Angleichung an die Sprachökonomie auch eine **Schreibökonomie** als weiteres Prinzip aufzutreten.

3. Bildungskategoriale Analyse

Anhand der bildungskategorialen Analyse nach Wolfgang Klafki soll nun Chatsprache als Unterrichtsgegenstand legitimiert werden. Im Folgenden wird der bekannte Fragenkatalog Klafkis zur Legitimation herangezogen.

Zur Beantwortung der Frage nach der **exemplarischen Bedeutung** ist zu sagen, dass Chatsprache stellvertretend für den gesamten Prozess des Sprachwandels stehen kann. Dessen Grundprinzip wird deutlich beim Betrachten des besprochenen linguistischen Phänomens: Chatsprache ist nicht nur produktiv, sondern führt eine Entwicklung weiter. Gerade diese prozesshafte Komponente hebt auch Stefan Elspass hervor, der einen Paradigmenwechsel in der Forschung konstatiert: „die Perspektive

[3] Auch im Sinne der Artikulation folgen die Neubildungen den bereits etablierten Formen – *hinterm* lässt sich genauso nach deutschen Regeln der Aussprache realisieren wie *im*.

auf ‚innersprachliche' Vorgänge [hat sich] geändert: Veränderungen werden nicht mehr nur ergebnisorientiert dargestellt, sondern stärker als Prozess zu beschreiben und zu erklären versucht" (Elspass 2007: 5). Man kann etwa bei den Zusammenziehungen zeigen, dass diese nicht willkürlich erfolgen, sondern Teil eines größeren Gesamtgefüges sind, das Standardsprache, Umgangssprache und eben Chatsprache berührt. Eine Beschäftigung mit der Chatsprache trüge also zu einem gesteigerten Sprachbewusstsein bei. Hierzu heißt es in den Leitgedanken zum Kompetenzerwerb der Bildungsstandards von Baden-Württemberg:

> Der Sprach- und Grammatikunterricht soll die Schülerinnen und Schüler dazu befähigen, über die eigene Sprache reflektiert zu verfügen, sich normgerecht auszudrücken und mit Sprachnormen zunehmend kritisch und kompetent umzugehen. Mithilfe ihres Sprachwissens verbessern sie ihre Sprachkompetenz. Sie reflektieren die Funktion sprachlicher Besonderheiten (zum Beispiel Sprachvarietäten, gender) … (Bildungsstandards Deutsch 2004: 78)

Chatsprache könnte in diesem Zusammenhang für ein tiefergehendes Sprachbewusstsein herangezogen werden – sie bietet unter anderem mit Emoticons, Inflektiven und Enklisen die erwähnten sprachlichen Besonderheiten. Auch der Umgang mit Sprachnormen kann bewusst gemacht werden, indem man etwa zeigt, dass Chatsprache ein anderes Sprachregister bedient als zum Beispiel ein Bewerbungsschreiben.

Die **Gegenwartsbedeutung** ergibt sich aus der Beziehung der Schülerinnen und Schüler zur Chatsprache. Der Chat ist ein fester Bestandteil der Lebenswelt der Schülerinnen und Schüler; man hat es hier mit einem Medium der Kommunikation zu tun, das von Kindern und Jugendlichen wesentlich souveräner und häufiger genutzt wird als von vielen Erwachsenen. Längst sind technische Ausdrucksmöglichkeiten wie zum Beispiel Emoticons eine Erweiterung des Schriftinstrumentariums geworden – auch in mehr oder weniger verwandten Formen schriftlicher Kommunikation wie zum Beispiel E-Mail, SMS oder auch handschriftlichen Briefen und Postkarten. Die Auswirkungen bleiben dabei nicht auf Schriftmedien beschränkt: so hat etwa auch die grammatische Form der Inflektive bereits vereinzelt Eingang in den umgangssprachlichen Bereich gefunden. Im Zusammenhang mit der exemplarischen Bedeutung heißt das, dass Schülerinnen und Schülern hier der Sprachwandel nicht nur nähergebracht wird, sondern dass sie selbst ein Teil davon sind. Auf diese Weise ist der Unterrichtsgegenstand mehr als ein von außen an sie herangetragenes

Phänomen – sie können sehen, dass sie selbst davon direkt betroffen sind (vgl. dazu auch Kegreiss, Mahnkopf, Rebstock & Tkotz in diesem Band).
Dementsprechend entbehrt das Thema auch nicht einer großen **Zukunftsbedeutung**. In der vernetzten Welt des High-Speed-DSL ist die Chatkommunikation kaum wegzudenken und ihre Nutzung wird weiter zunehmen. Für den damit zusammenhängenden Sprachwandel gilt dasselbe. Burri hat aufgezeigt, dass die im Chat entstehenden Neubildungen nach dem Muster der bereits existenten Zusammenziehungen in Standard- und Umgangssprache funktionieren; insofern ist hier eine weitere Verschiebung anzunehmen. Es scheint durchaus wahrscheinlich, dass die Neubildungen Einzug in Umgangs- und Standardsprache halten.
Daraus ergibt sich eine Vielzahl von **Inhalten**. Ganz allgemein können hier die verschiedenen Sprachwandelphänomene der Chatsprache thematisiert werden, beispielsweise Emoticons, Zusammenziehungen und Inflektive. Als Teilfrage kann erarbeitet werden, wie die einzelnen Aspekte funktionieren; durch Vergleich mit anderen neuen und bereits etablierten Formen lässt sich der Blick öffnen auf das große Thema des Sprachwandels. Für einen größeren Gesamtzusammenhang können hierbei auch Rückblicke auf zum Beispiel Lautverschiebungen und dialektal bedingte Veränderungen erfolgen. Als Teilfrage lässt sich auch formulieren, wie es denn eigentlich dazu kommt, dass etwas als ‚grammatikalisch korrekt' gilt – welche Prozesse stecken dahinter?
Das Phänomen der Zusammenziehungen kann, aufgrund seiner Deutlichkeit, zur **Veranschaulichung** des Gegenstandes dienen: ein grammatisches Phänomen, das bereits bestehende Grammatikregeln in aller Konsequenz fortführt und somit ‚richtiger' erscheint als die standardsprachliche Verwendung. Darüber hinaus sind früher gebildete Zusammenziehungen bereits in der Umgangs- und (wenn auch in geringerem Maße) in der Standardsprache präsent.

4. Mögliche unterrichtliche Umsetzung

Nun soll also versucht werden, Chatsprache als linguistisches Phänomen in den Deutschunterricht einzubetten.[4] Hierfür sind folgende Dimensionen von Belang:

[4] Es ist zu beachten, dass hier kein ausgearbeiteter Unterrichtsentwurf präsentiert werden kann, da eine konkrete Gruppe von Adressaten – also Schülerinnen und Schüler innerhalb einer Klasse mit ihren variierenden Kompetenzen – nicht gegeben ist.

- Inhaltliche Schwerpunkte
- Adressatenbezug
- Schüler-Orientierung
- Kompetenzorientierung[5]
- Grundsätzliche Herangehensweise
- Organisationsform
- Methodik
- Einsatz von Materialien und Medien

Inhaltlich betrachtet ist auf jeden Fall eine Eingrenzung von Nöten. Es ist wohl angebracht, den gesamten Komplex auf einige wenige exemplarische Phänomene zu begrenzen. Auf Chatsprache als Oberthema kann aber recht unproblematisch in mehreren kleinen Teilen eingegangen werden. Die bereits beschriebenen Zusammenziehungen bieten sich hier sowohl im Sinne einer Quantitäts- als auch einer Komplexitätsreduktion an. Das Thema ist sehr zugänglich – im Gegensatz zu Inflektiven beispielsweise –, da die Schülerinnen und Schüler bereits durch ihren eigenen Sprachgebrauch mit standard- und umgangssprachlichen Zusammenziehungen vertraut sind; anhand dieser Vorlage stellen die Neubildungen eher ein ‚add-on', eine Ergänzung, als ein ganz neues Feld dar. Als ähnlich kleines Thema könnte man Verbformen des Englischen behandeln, die plötzlich nach deutschen Grammatikregeln flektiert werden (vgl. Burri 2003: 24ff.) und auch allgemein den Weg englischer Wörter in das Deutsche untersuchen.
Für die Frage, in welcher Klasse das Thema behandelt werden könnte, ist ein Blick in die Bildungsstandards hilfreich. So heißt es etwa für die Klasse 10 an baden-württembergischen Gymnasien zum Umgang mit Texten und Medien (Unterpunkt Medienkompetenz) unter anderem, dass die Schülerinnen und Schüler „mit den verschiedenen Medien als Mittel der Kommunikation [und] Information […] sinnvoll umgehen" können (Bildungsstandards Deutsch 2004: 86). Ein reflexiver Umgang mit den entsprechenden Medien, unter die mit dem Internet letztlich auch der Chat fällt, wäre hier also gesichert. Des Weiteren ist für den Adressatenbezug der Punkt des Sprachbewusstseins von Belang, denn hier wird den Schülerinnen und Schülern attestiert, „die wesentlichen Merkmale gesprochener und geschriebener Sprache benennen und erklären" zu können (ebd.: 87). Dies berührt natürlich die Beschaffenheit des Chats, der wie bereits erwähnt eine Sonderstellung zwischen

5 Dieser Punkt wird als Bezug zum Bildungsplan direkt beim Adressatenbezug diskutiert.

geschriebener und gesprochener Sprache einnimmt. Auch die Unterscheidung verschiedener Gruppensprachen (zu denen auch die Chatsprache gehört) und deren Sprachregister wird erwähnt, dazu Sprachgeschichte und Dialekt. Sprachgeschichte wird oftmals im Zusammenhang mit den Lautveränderungen und Texten des Mittelalters behandelt – hier könnte nun eine Betrachtung der Chatsprache dieses Thema vielleicht nicht besser, aber zumindest in Kombination mit anderen Stationen des Sprachwandels näherbringen, gewissermaßen als neuestes Glied in der langen Kette der Sprachgeschichte. Nach Betrachtung des Bildungsplanes lässt sich das erarbeitete Thema folglich sehr gut in Klasse 9 und 10 unterbringen – sowohl thematisch als auch auf die Kompetenzen der Schülerinnen und Schüler bezogen;[6] bei komplexeren Phänomenen auf Ebene der Grammatik (etwa im Falle der Inflektive) ist aber auch eine Verlagerung in die Oberstufe denkbar.

Was die **Schüler-Orientierung** angeht – also die Bestimmung von interessanten und relevanten Themen –, so könnte man hierfür die verschiedenen Phänomene der Produktivität und Entwicklung hervorheben. Schülerinnen und Schüler würden erkennen, dass sie selbst aktiv am nie stillstehenden Sprachwandel teilnehmen und ihn in gewisser Weise mitprägen. Dies würde auch dabei helfen, die Auseinandersetzung mit dem Chat nicht bloß als ein Entgegenkommen der Lehrkraft zu sehen („Jetzt machen wir etwas, das euch gefällt"), sondern das Ganze in einen größeren Zusammenhang einzubetten („Jetzt machen wir etwas, das uns alle betrifft"). Damit ließe sich das Thema in Elspass' Konzept der neuen Sprachgeschichte einbetten: „

> Sprachwandel hört bei einer lebenden Sprache nicht auf, und deshalb sind gerade ‚Entwicklungstendenzen in der Gegenwartssprache'" – und eben das stellt die Chatsprache dar – „ein ideales Experimentierfeld für Schülerinnen und Schüler, in dem sie Sprachwandel untersuchen und damit beobachtend, erforschend und reflektierend Sprache als etwas Geschichtliches erfahren (Elspass 2007: 5).

Als grammatische **Herangehensweise** und verwendbares **Grammatikmodell** bietet sich ein vorrangig induktives und funktionales Vorgehen an, wie es die von Elspass aufgeführten Schlagworte *untersuchen*, *beobachten*, *erforschen* und *reflektieren* schon erahnen lassen. So können mittels selbstständigen Vergleichs verschiedener

---

6 Die Sprache des Mittelalters wird oftmals allerdings erst in Klasse 11 thematisiert; bei entsprechender Reduktion der Komplexität sollte es jedoch auch möglich sein, diesen Block in die 10. Klasse vorzuziehen.

Sprachformen (Mittelhochdeutsch, Standardsprache, Umgangssprache, Chatsprache) Bezüge unter den einzelnen Teilen hergestellt werden, was wiederum den Gesamtzusammenhang von Schriftlichkeit und Mündlichkeit verdeutlichen kann. Hierbei können verschiedene Dimensionen von Sprache herangezogen werden, von Semantik (verschiedene Register) über Phonetik und Phonologie (lautliche Unterschiede und Veränderungen) bis hin zur Pragmatik (Kommunikationssituationen und Rolle der Medien).

Zur **Organisationsform** und den **methodischen Überlegungen** ist ein Aspekt schon angeklungen, nämlich die Möglichkeit, das Ganze gemeinsam mit der Sprache des Mittelalters als Teil eines größeren Sprachwandelthemas zu behandeln. Daraus könnte etwa ein Projekt entstehen, in dem auf großformatigen Plakaten jeweils Einzelpunkte präsentiert werden (zum Beispiel erste und zweite Lautverschiebung, Bedeutungswandel, Neubildungen). Ganz allgemein wäre ein kooperatives Lernen wünschenswert, da hier subjektive Eindrücke und Sprachgefühl sicher viel guten Diskussionsstoff bieten. Darüber hinaus könnte man hier auch von einem fächerübergreifenden Unterricht profitieren. Einerseits wäre es für Gemeinschaftskunde und/oder Geschichte im Sinne der Mediengeschichte relevant (Wie verändern sich die Rezeption der Medien und die Kommunikation mittels dieser Medien im Laufe der Zeit?); andererseits könnte auch eine Kooperation mit dem Fach Englisch sehr fruchtbar sein, da das Deutsche gerade in der jüngeren Geschichte in großem Maße von Anglizismen ‚unterwandert' wird[7] – der Chat bildet da keine Ausnahme. So könnte man etwa den Einzug von Anglizismen in die deutsche Sprache thematisieren, speziell auf den Chat bezogen aber auch untersuchen, inwiefern spezifische Möglichkeiten in den beiden Sprachen unterschiedlich verwendet werden (hier sind etwa die Inflektive zu nennen).

Schlussendlich: Welche **Medien** und **Materialien** können eingesetzt werden? Bei der Frage der Organisationsform wurde bereits die Erstellung von Plakaten als Ergebnissicherung einer längerfristigen Arbeit vorgeschlagen, aber auch kleinere Einheiten sind denkbar. Für eine Untersuchung, wie Wortformen aus Chat und anderen neuen Medien Einzug in den allgemeinen Sprachgebrauch halten, könnte man Wörterbücher verschiedener Jahrgänge auf Neueinträge prüfen. Chatsprache lässt sich aber auch isolierter untersuchen; hier kann natürlich direkt mit Chatlogs

[7] Wobei zu erwähnen ist, dass umgekehrt auch deutsche Formen Einzug ins Englische halten – man denke nur an das Abseilen im Klettersport, welches im Englischen *abseiling* genannt wird (mit der entsprechenden Verbform *to abseil*).

gearbeitet werden, deren Beschaffung und Distribution recht problemlos ist. Zum Beispiel könnte man mit verteilten ‚Rollen' lesen (sprich: Schüler lesen die Beiträge einzelner Chatter) mit dem Versuch, die im Chatlog verschriftete Stimmung mündlich wiederzugeben. Dabei wäre vor allem auf Emoticons (Gefühlsdarstellung), Großbuchstaben (wird im Chat als Schreien interpretiert), Abkürzungen (zum Beispiel *lol = laughing out loud,* also lautes Lachen) und Zeichensetzung (etwa gehäufter Einsatz von Ausrufezeichen als aggressive Stimmung, viele Fragezeichen als Indikator für Verwirrung) zu achten. Eine sicher spannende Umkehrung hiervon wäre die Umarbeitung eines Dramentextes, etwa eine Chatversion von *Kabale und Liebe*, wobei die Schüler dazu angehalten werden, möglichst alle Ausdrucksmöglichkeiten, die sich im Chat bieten, zu verwenden.[8] So ließe sich wieder die Brücke zum Gesamtzusammenhang schlagen, weil offensichtlich wird, wo die Unterschiede der Textsorten liegen und worin sie begründet sind.

5. Fazit und Ausblick

Es wurde deutlich, dass Chatsprache für wesentlich mehr genutzt werden kann als für einen kleinen Ausflug in die Weiten des Internets oder um neben den ‚Klassikern' in einem flüchtigen Intermezzo die Lebenswelt der Kinder und Jugendlichen zu streifen. Nicht nur lässt sich das ganze Phänomen für spezifische grammatische Teilaspekte heranziehen – es kann darüber hinaus eine große Rolle spielen im Hinblick auf die Untersuchung von Sprachwandel und Sprachgeschichte und auf diese Weise zur Stärkung des Sprachgefühls und der Sprachkompetenz der Schüler beitragen. Auch die Medienkompetenz ist nicht außer Acht zu lassen. Die Produktivität der Chatsprache ist hier vor allem in grammatischer Hinsicht interessant; auf einer allgemeinen Ebene lässt sie sich in das Gesamtgefüge von Sprache einfügen, ist sie doch weniger als eine Verdummung des Deutschen, sondern vielmehr als eine Ausprägung des Deutschen in einem vergleichsweise neuen Medium zu sehen. Dass dies nicht einfach unter den Teppich gekehrt werden sollte, zeigt der deutliche Eingang der Chatsprache in den allgemeinen Sprachgebrauch und die Verbindung vor allem mit der Umgangssprache. Chatsprache wird sich in diesem Sinne wohl weiter ausbreiten beziehungsweise mit anderen Kommunikationsformen vermischen

[8] Dramentexte bieten sich insofern besonders an, als sie von den literarischen Gattungen her einem Gespräch sehr nahe sind. Aber auch Prosatexte, die viel wörtliche Rede enthalten, oder Gedichte mit Sprecherwechseln könnten eingesetzt werden.

und gegenseitig bedingen. Ein großes Feld, das uns alle betrifft und dementsprechend auch in der Schule thematisiert werden kann und sollte.

Literaturverzeichnis

Burri, G. (2003): Spontanschreibung im Chat. *Linguistik Online* 15, 3-31.

Elspass, S. (2007): „Neue Sprachgeschichte(n)". Einführung in das Themenheft. *Der Deutschunterricht* 2007/3, 2-6.

Helbig, G./ Buscha, J. (2001): *Deutsche Grammatik. Ein Handbuch für den Ausländerunterricht.* Berlin.

Kegreiss, A., Mahnkopf, M., Rebstock, J. & Tkotz, T. (in diesem Band): Sprachgeschichte im Deutschunterricht. Der Bedeutungswandel von Wörtern, 65-84.

Klafki, W. (1975): *Studien zur Bildungstheorie und Didaktik.* Weinheim.

Naumann, B. (1998): Stirbt die deutsche Sprache? Überlegungen zum Sprachwandel durch IRC (Internet Relay Chat). In: Cmejrkova, S. (Hrsg.): *Dialoganalyse. Referate der 6. Arbeitstagung Prag 1996.* Tübingen: 249-262.

Schlobinski, P. (2001): *knuddel – zurueckknuddel – dich ganzdollknuddel*. Inflektive und Inflektivkonstruktionen im Deutschen. *Zeitschrift für germanistische Linguistik* 29, 192-218.

Sprachgeschichte im Deutschunterricht:
Der Bedeutungswandel von Wörtern
(Annika Kegreiss, Marlén Mahnkopf, Juliane Rebstock, Tanja Tkotz)

1. Einleitung

Häufig wird Sprachwissenschaft im gymnasialen Deutschunterricht auf die Vermittlung der grammatischen Grundbegriffe reduziert und diese Art von Grammatikunterricht, die sich sowohl bei Schülern als auch Lehrern eher mangelhafter Beliebtheit erfreut, wird häufig als „unliebsames Pflichtprogramm" dargestellt und abgehandelt (vgl. Rothstein 2010). Ziel dieser Arbeit ist, wissenschaftliche Betrachtungen mit schulischem Praxisbezug zu verbinden und Unterrichtsinhalte vorzuschlagen, deren Vermittlung nicht Selbstzweck ist, sondern deren didaktische Legitimation bewiesen werden kann. Hierzu wird im ersten Teil zunächst eine fachwissenschaftliche Analyse zum Thema „Bedeutungswandel von Wörtern" durchgeführt, um einen Überblick über das Themengebiet zu bieten. Anschließend soll die Relevanz des Themas für den Schulunterricht geklärt werden (vgl. dazu auch den Beitrag von Zähringer in diesem Band). Auf diese bildungskategoriale Analyse folgen schließlich Vorschläge zur praktischen Umsetzung im Unterricht.

2. Fachwissenschaftliche Analyse: Bedeutungswandel

Der Bedeutungswandel der deutschen Sprache ist ein sehr vielseitiges und auch umfassendes Thema. Hier wollen wir lediglich in groben Zügen auf die Ursachen, die Formen und die Folgen eingehen und diese jeweils mit Beispielen verständlich darstellen.

Eine Ursache des Bedeutungswandels ist der Bedarf an verstärkenden Ausdrücken. Dabei unterscheidet man zwischen einer Hyperbel und einer Litotes. Bei der **Hyperbel** kommt es zu einem verstärkten Gebrauch von ausdrucksstarken Adjektiven wie z.B. ‚unglaublich' und ‚phantastisch'. Dies sind sogenannte expressiv-evaluative Adjektive, die sonst in ihrem eigentlichen Sinne eher etwas Irreales bezeichnen. Das Adjektiv ‚fabelhaft' wird zur Goethezeit für etwas Erdichtetes und/oder für etwas, das einer Fabel entspricht, verwendet. Die heutige Bedeutung von ‚fabelhaft' hat die ursprüngliche Bedeutung völlig verdrängt. Die frühere Bedeutung von dem Adjektiv ‚wunderbar' kann man als ‚wie ein Wunder erscheinend, unbegreiflich' auffassen (Keller/Kirschbaum 2003: 51). Die **Litotes** ist eine vorsichtige Untertreibung, die dann oftmals noch als Verstärkung wirkt. Ein Beispiel dafür wäre ‚nicht übel' (Stedje 2007: 43). Viele Sachverhalte haben sich auch im Laufe der Zeit verändert. Als Beispiel könnte man die Anrede einer jungen Dame mit dem früher üblichen ‚Fräulein' nennen. Früher hat man unverheiratete Frauen als ‚Fräulein' angesprochen. Heute gibt es diese Anrede nicht mehr und man unterscheidet auch nicht mehr zwischen einer verheirateten und einer unverheirateten Frau. Alle erwachsenen Frauen werden mit ‚Frau' angesprochen. Bei den **Beschönigungen** unterscheidet man zwischen einer sozialen Aufwertung und dem Euphemismus. Durch **Euphemismen** werden schlimme und unangenehme Tatsachen umschrieben und beschönigt dargestellt. Ein alter Aberglaube führte zu dieser Art von Beschönigungen. Früher dachten die Menschen, dass man nicht über Dinge reden soll, die man in Wahrheit weit wegwünscht, da sie sonst erst recht eintreten würden. Deswegen erfanden sie Deckwörter, wie z.B. ‚zum Kuckuck' (Teufel) und ‚verflixt' (verflucht). Im 19. Jahrhundert hat die damalige Gesellschaft Tabus für bestimmte Wörter festgelegt. So waren ‚hinter`s Licht führen' (betrügen), ‚in anderen Umständen' (schwanger) und ‚entschlafen' (sterben) sogenannte Hüllwörter, die die ursprünglichen Wörter beschönigt darstellen. Die **soziale Aufwertung** findet man heutzutage recht häufig in unserer Gesellschaft. Dabei werden weniger attraktive Berufe aufgewertet, indem man ihnen eine neue Bezeichnung gibt. So wird ein einfacher Bauer zum ‚Landwirt', ein Laufbursche zur ‚Bürokraft' und die Putzfrau zur ‚Raumpflegerin' ernannt (Stedje 2007: 41f.). Eine weitere Ursache für den Bedeutungswandel sind die bildhaften Ausdrücke, ausgelöst durch metaphorischen Wandel und metonymische Ausdrücke. Jedoch muss man sich die Frage stellen, was uns dazu veranlasst, einen Ausdruck metaphorisch zu betrachten und was es heißt, diesen Ausdruck überhaupt metaphorisch zu interpretieren.

Bei einem **metaphorischen Ausdruck** wird ein Gegenstand von einem bestimmten Bereich in einen anderen Bereich verschoben und dadurch verändert sich die Bedeutung des Gegenstands. Ein Beispiel dafür wäre:

(1) Napoleon war ein bedeutender/großer Stratege. (Keller/Kirschbaum 2003: 34)

Hierbei wird Napoleon als Stratege dargestellt, jedoch nicht in Bezug auf seine Körpergröße, sondern auf seine Eigenschaft als Feldherr. Dabei muss der Sprecher nicht unbedingt die Körpergröße von Napoleon meinen, z.B. weil er nichts Genaues über die Körpergröße des ehemaligen französischen Kaisers weiß, denn er könnte es durchaus auch ironisch darstellen wollen. Dennoch wird eine metaphorische Interpretation ausgelöst, da der Leser weiß, dass Napoleon ein eher etwas kleinwüchsiger Mann war. Dabei spielen die Macht und der Einfluss, die Napoleon hatte, keine Rolle. Der metaphorische Wandel selbst ist noch kein Sprachwandel. Dieser geschieht erst, wenn die Metapher lexikalisiert wird. Die Lexikalisierung ist eine Folge des regelmäßigen Gebrauchs von Metaphern. Dennoch wird der metaphorische Sinn für den eigentlichen wörtlichen Sinn gehalten. Die neue Bedeutung setzt sich erst durch, wenn dieser Prozess Anklang in einer Sprachgemeinschaft findet (Keller/Kirschbaum 2003: 34ff.). Beim **metonymischen Wandel** kommt es zu einer Sinnverschiebung, d.h. dass der Leser nicht nur von einem Bereich in den nächsten springt, sondern er sucht die Interpretation eher in seitlich gelagerten Bereichen. Sie kann man somit als eine Teil-Ganzes-Relation ansehen. Als Beispiel könnte man nennen:

(2) Iss deinen Teller auf. (Keller/Kirschbaum 2003: 59)

Bei diesem Satz wird nicht wortwörtlich interpretiert, dass man den Teller essen kann. Der Leser verwirft die wörtliche Interpretation und sucht somit nach einer geeigneteren Interpretation. Würde der Leser es wortwörtlich interpretieren, dann müsste man dem Sprecher Irrationalität unterstellen. Ein Spezialfall liegt bei der Sinnverschiebung von Adjektiven vor, die Wenn-dann-Beziehung. Diese wird mit Hilfe von Konditionalsätzen dargestellt. Ein Beispiel dafür wäre:

(3) Der Laden ist dunkel. (Keller/Kirschbaum 2003: 60)

Damit ist nicht gemeint, dass der Laden einen dunklen Anstrich hat, sondern dass der Laden geschlossen ist. Durch das fehlende Licht im Laden interpretiert der Leser die Dunkelheit als das Geschlossensein des Ladens. Bei dieser Interpretation entsteht eine Wenn-dann-Beziehung, wobei die Schlüsse auf Alltagserfahrungen beruhen, aber nicht zwingend gültig sind.

Bei der **Bedeutungsverengung** ist der Umfang der Bedeutung geringer geworden. Ein Beispiel für eine solche Bedeutungsverengung wäre die ‚hôch(ge)zît' aus dem Mittelhochdeutschen. Im Mittelalter war dies ein hohes kirchliches oder weltliches

Fest oder auch einfach nur ‚Freude‘. Im Neuhochdeutschen gibt es nur noch eine Bedeutung dafür, die Hochzeit als ‚Eheschließungsfeier‘. Bei der **Bedeutungserweiterung** hat sich der Umfang der Bedeutung des einzelnen Wortes vergrößert, da die meisten inhaltlichen Merkmale weggefallen sind. Ein Beispiel dafür wäre das Adjektiv ‚fertig‘. Die ursprüngliche Bedeutung für ‚fertig‘ ist ‚zur Fahrt gerüstet‘. Heute bezeichnet man mit ‚fertig‘ etwas, was ‚bereit‘ und ‚beendet‘ ist. Ein anderes Beispiel wäre noch die ‚Herberge‘. Früher war eine Herberge eine Unterkunft für das Heer. Heute hat es noch eine weitere Bedeutung. Eine Herberge ist auch eine ‚Unterkunft für Fremde‘. Wenn ein sprachliches Bild, das es einmal gab, verblasst, nach und nach verschwindet und an dessen Stelle eine etwas andere Bedeutung tritt, dann spricht man von einer sogenannten **Bedeutungsverschiebung**. Das Wort ‚Frauenzimmer‘ war früher ein ‚Aufenthaltsraum der Frauen‘ und hatte auch die Bedeutung ‚Frau‘. Heute wird das Wort nur noch als verächtliche Bezeichnung benutzt. Dadurch hat sich dessen Bedeutung verschoben. Bei der **Bedeutungsverschlechterung** haben sich Wörter hinsichtlich ihrer sozialen, moralischen und auch stilistischen Seite verschlechtert. Meistens haben diese Wörter eine negative Wertung. Der ‚Spießbürger‘ war früher ein bewaffneter Stadtbürger. Bezeichnet man heute Menschen als Spießbürger, so werden sie verspottet und für kleinlich denkende Menschen gehalten. Eine **Bedeutungsverbesserung** kommt recht selten vor. Der althochdeutsche ‚marahscalc‘ war damals ein Pferdeknecht. Mit der Zeit wurde daraus ein Stallmeister, dann ein Hofbeamter. Kurz darauf war ein ‚marahscalc‘ der oberste Befehlshaber der Reiterei und seit dem 16./17. Jahrhundert ist es der höchste militärische Rang, den man erreichen kann (Stedje 2007: 34f.).

Der Begriff ‚**Mehrdeutigkeit**‘ ist selbst mehrdeutig. Man unterscheidet **drei Fälle**. Im **ersten Fall** kann ein Begriff mehrere Bedeutungen haben. Ein Beispiel dafür wäre (vgl. auch den Beitrag von Hohl, Paric & Zimmer in diesem Band):

(4) In dem Häuschen leben sieben Zwerge. / Wir müssen den Sand fein sieben.
(Keller/Kirschbaum 2003: 102)

Bei dieser Mehrdeutigkeit handelt es sich auch gleichzeitig um eine Homonymie. Was eine Homonymie ist, wird später erläutert. Beim **zweiten Fall** hat ein Begriff nur eine Bedeutung, kann aber auch in verschiedenen Sinnen genutzt werden.

Ein Beispiel hierfür wäre:

(5) Das Buch liegt unter der Zeitung. / Er arbeitet unter einem neuen Chef. (Keller/Kirschbaum 2003: 112)

Im zweiten Beispiel wird das Wort ‚unter' in einem metaphorischen Sinn verwendet. Im **dritten Fall** kann ein Begriff in einer gegebenen Äußerung mehrere Sinnmöglichkeiten haben. Somit gibt es mehrere Interpretationsmöglichkeiten (Keller/Kirschbaum 2003: 101ff.).

(6) Algerien ist eine heiße Gegend.

(7) Wie heißt du eigentlich? (Keller/Kirschbaum 2003: 103)

Bei der **Polysemie** entstehen systematisch unterschiedliche Bedeutungen, wobei diese historisch von den anderen ableitbar sind. Meistens handelt es sich hierbei um eine Bedeutungsverwandtschaft (Keller/Kirschbaum 2003: 103). Bei der Polysemie kann man die Adjektive in **drei Gruppen** einteilen. In die **erste Gruppe** gehören ‚schlicht', ‚gewöhnlich' und ‚gestrig'. Schaut man sich diese Adjektive nach deren Verwendungszweck an, dann fällt auf, dass es dabei um das Kriterium ‚menschlich vs. nicht menschlich' geht. Bei den Beispielen ‚schlichtes Gemüt', ‚gewöhnliche Person' und ‚bequemer Mensch' fällt sofort auf, dass die Beispiele negativ-evaluative Bedeutungsanteile bekommen. Bezieht man diese Adjektive auf nichts Lebendiges, dann werden sie wertneutral verwendet: ‚bequemer Sessel' und schlichtes Zimmer'. Zur **zweiten Gruppe** gehören die Adjektive ‚historisch' und ‚ordentlich'. Hier ist die Grenze zwischen den Bereichen nicht klar abgegrenzt. Bei ‚historisch' hilft oftmals das Tempus, um eine klare Linie zu schaffen. Als Beispiel könnte man nennen:

(8) Die Fußballweltmeisterschaft 1954 war/ist ein historisches Ereignis. (Keller/Kirschbaum 2003: 107f.)

Durch das Präteritum interpretiert der Leser das Geschehnis als ‚bedeutsam'. Bei dem Adjektiv ‚ordentlich' kann es kaum irgendwelche Missverständnisse geben, da es eine deutliche Abgrenzung gibt:

(9) Zieh dich mal ordentlich an. vs. Sauf dir ordentlich mal die Hucke voll. (Keller/Kirschbaum 2003: 108)

Zur **dritten Gruppe** gehören die Adjektive ‚gemein', ‚dramatisch', ‚zweideutig' und ‚billig'. Hierbei handelt es sich um Adjektive, die neben ihrer umgangssprachlichen

Bedeutung noch eine fachsprachliche haben. Die Bereiche, in denen sie verwendet werden, sind klar unterschieden (Keller/Kirschbaum 2003: 106ff.).

(10) Biologie: die gemeine Sumpfdotterblume
Literaturwissenschaft: die dramatische Neubearbeitung des Stoffes (Keller/Kirschbaum 2003: 108)

Bei der **Homonymie** handelt es sich um gleichlautende Wörter, die keine erkennbare gemeinsame sprachgeschichtliche Herkunft haben (Keller/Kirschbaum 2003: 103). Ein Beispiel für die Homonyme wäre das Wort ‚sieben'. Zum einen ist damit das Zahlwort ‚sieben' gemeint und zum anderen das Verb ‚sieben' im Sinne von ‚Sand sieben'. Ein weiteres Beispiel wäre ‚Kiefer'. Hierbei gehören Homonyme der gleichen Wortart an und haben eine unterschiedliche Bedeutung. ‚Kiefer' stammt zum einen aus dem Mittelhochdeutschen ‚kiver' ab und bedeutet ‚Kinnbacken'. Das andere Homonym ist ‚Kiefer' aus dem Althochdeutschen ‚kienforaha', welches eine Baumart darstellt. Wie man an den Beispielen erkennen kann, ist es bei den Homonymen nicht anders als bei den Polysemen. Missverständnisse werden umso erfolgreicher vermieden, je weiter voneinander die Verwendungsbereiche der Wörter liegen. Und wird die Sprache in einem Gespräch stilisiert, dann kommt es zu einem Homonymenkonflikt, der eine Homonymenflucht auslöst – d.h. eines der Homonyme „flieht" vor dem anderen. Doch Homonyme können jahrhundertelang nebeneinander existieren ohne dass es eine derartige Flucht gibt. Ein Beispiel für eine Homonymenflucht wäre das Wort ‚englisch'. Früher bedeutete es ‚engelhaft' und auch gleichzeitig ‚aus England stammend' bzw. ‚nach Art der Engländer'. Heute gibt es die Bezeichnung ‚engelhaft' nicht mehr. Das Homonym musste „fliehen" (Keller/Kirschbaum 2003: 108ff.). Beim **Wegfall einer Bedeutungsvariante** geht es um Wörter, die es zum Teil noch nicht sehr lange gibt oder eine ihrer Bedeutung verloren haben. In vielen deutschen Sätzen tauchen Wörter wie ‚Handy', ‚Talkmaster' oder ‚ge-e-mailt' auf. Heute achten die meisten Menschen mehr auf das Vorkommen von neuen Wörtern als auf deren Wegfall. Der Wegfall von Bedeutungen ist gleichzeitig auch eine Umkehrung der Genese von Polysemie (Keller/Kirschbaum 2003: 116). Meistens fallen dann die älteren Bedeutungen weg. Ein Beispiel für den Wegfall einer Bedeutungsvariante ist das Adjektiv ‚ängstlich'. Zu Goethezeit hatte ‚ängstlich' die Bedeutung ‚zu Angst neigend' und ‚Angst erregend, ängstigend'. Zu dieser Zeit war das Adjektiv also polysem. Man konnte es auf Personen und auf Sachen beziehen. Heute gibt es die Bedeutung ‚Angst erregend' nicht mehr. Somit ist auch der Bezug auf das Unbelebte weggefallen (Keller/Kirschbaum 2003: 117).

3. Bildungskategoriale Analyse

Nachdem im vorigen Kapitel die fachwissenschaftliche Hinführung zum Thema „Bedeutungswandel von Wörtern" erfolgt ist, wird im Folgenden näher auf die fachdidaktische Komponente dieses Themas eingegangen. Mit Hilfe von Wolfgang Klafkis aufgestelltem Fragenkatalog (Klafki 1963: 126ff.) soll der hier vorgestellte Themenvorschlag für den Unterricht didaktisch legitimiert werden. Gleichzeitig dient dieser Katalog der eigenen Unterrichtsvorbereitung, denn unter Berücksichtigung dieser Fragestellungen sollen Möglichkeiten aufgezeigt werden, mit deren Hilfe der Unterrichtsgegenstand erschlossen werden kann. Doch zuvor stehen folgende Fragen im Mittelpunkt der Betrachtung: „Was ist denn 'die Sache'? Was sind denn die sog. ‚Unterrichtsstoffe' laut Klafki (1963: 127)?

Erst wenn diese Fragen weitestgehend geklärt sind, kann – laut Klafki – die Überlegung bezüglich der fachdidaktischen Legitimierung und der methodischen Umsetzung erfolgen. Die eben genannten Fragen gehören zu einer vollständigen Unterrichtsplanung und bauen aufeinander auf. Sie lassen sich wie folgt zusammenfassen: Sachanalyse, fachdidaktische Analyse und methodische Analyse. Wobei Klafki unter der didaktischen Analyse sämtliche inhaltlichen Überlegungen subsumiert und die konkrete Umsetzung des zu behandelnden Stoffes dem Bereich der Methodik zuordnet (Klafki 1963: 130).

Um den Schülern einen bestimmten Sachverhalt nahe zu bringen, muss der Lehrer

> zwei Positionen einnehmen, in sich verwirklichen können: Er steht einerseits stellvertretend für den 'Laien', der der junge Mensch einmal werden soll, und er steht zum anderen stellvertretend für den jungen Menschen selbst und seine jeweiligen Möglichkeiten. (Klafki 1963: 129)

Anhand dieses Zitats wird ein wichtiger Aspekt der Unterrichtsplanung genannt, nämlich der der Vermittlung zwischen derjenigen Person, welche der Schüler werden soll, und derjenigen, die er bereits ist. Der Lehrer muss täglich diese Vermittlungsarbeit leisten: Er soll das Kind in seiner bisherigen geistigen, sozialen und kulturellen Entwicklung respektieren und annehmen, um es bilden zu können. Dieser Schluss geht aus dem folgenden Zitat deutlich hervor:

> [...] muß der Lehrer jenen Frage- und Verständnishorizont des ‚gebildeten Laien' noch einmal aus der Perspektive des Kindes bzw. Jugendlichen auf seiner jeweiligen Bildungsstufe in den Blick fassen, muß er die besonderen Fragen, Interessen, Sichtweisen des Zöglings in sich verlebendigen und auf ihre tieferen Bildungsmöglichkeiten hin abtasten. (Klafki 1963: 130)

Dieser Bildungsanspruch ist an der Zukunft des Kindes orientiert, der Lehrer will ihm Kompetenzen vermitteln, die es zum Handeln befähigen sollen:

> Das heißt also, daß alles, was Bildungsinhalt zu heißen beansprucht, zugleich einen Bezug zur Zukunft des zu Erziehenden haben muß, jener Zukunft, für die die Erziehung den jungen Menschen ausrüsten will [...]. Die Bildungsinhalte sollen [...] den jungen Menschen für Ordnungen (etwa rechtliche, soziale, sittliche), Verantwortungen (etwa mitmenschliche oder politische), Notwendigkeiten [...], freie geistige Möglichkeiten [...] erschließen. (Klafki 1963: 133f.)

Nach dieser kurzen Einführung soll nun das Hauptaugenmerk auf den von Klafki herausgestellten Leitfragen für die fachdidaktische Analyse liegen. Denn diese Analyse ist für ihn der Schritt, der allen weiteren vorausgeht und auf welchem aufgebaut wird. Er betont zu Beginn seiner Ausführungen, dass sich die fünf Fragen wechselseitig bedingen und auch aufeinander referieren (Klafki 1963: 135). Dieser Aspekt verdeutlicht den inneren Zusammenhang des Fragenkomplexes und stellt damit ein Instrument zur Verfügung, mit Hilfe dessen der Bildungsinhalt aus vielerlei Blickwinkeln beleuchtet werden kann. Im Folgenden werden die Leitfragen nach Klafki wortgetreu übernommen und auf den hier zu verhandelnden Sachverhalt des Bedeutungswandels angewandt.

Frage 1: Zusammenhang

> Welchen größeren bzw. welchen allgemeinen Sinn- oder Sachzusammenhang vertritt und erschließt dieser Inhalt? Welches Urphänomen oder Grundprinzip, welches Gesetz, Kriterium, Problem, welche Methodik, Technik oder Haltung läßt sich in der Auseinandersetzung mit ihm 'exemplarisch' erfassen? (Klafki 1963: 135)

Diese Frage teilt er in zwei Unterfragen auf: Zum einen geht es darum, welches Grundprinzip oder welches Allgemeine anhand des ausgewählten Themas deutlich wird. Zum anderen soll herausgestellt werden, inwiefern der Erkenntnisgewinn aus dem Thema zu einem späteren Zeitpunkt erneut zur Anwendung kommen könnte (Klafki 1963: 135).

An dieser Stelle soll angemerkt werden, dass sich die zweite Teilfrage der Zukunftsbedeutung, die das Gelernte hat oder haben könnte, widmet. Da die Rolle dieser Bedeutungsdimension eine besondere Beachtung unter der dritten noch folgenden Frage erfährt, wird in diesem Abschnitt ‚nur' auf den Aspekt des zugrundeliegenden Prinzips eingegangen. Dabei geht es um die Frage, welches höhere Ordnungsmodell anhand unseres Themas deutlich gemacht werden kann. Das Thema des „Bedeutungswandels von Wörtern" soll für Sprachwandel allgemein stehen. Das zugrundeliegende Prinzip des Wandelbaren, Flexiblen in der Sprache soll zum Ausdruck gebracht werden. Die Kinder sehen sich in ihrer jeweiligen spezifischen geistigen, sozialen, kulturellen Situation, wozu auch ihr Verständnis von Sprache gehört. Sie verwenden Sprache eher intuitiv, denn reflektierend. Für sie ist ihre Verwendung von Sprache natürlich und dient als alltägliches Mittel der Kommunikation. Mit Hilfe des oben genannten Themas soll diese eher intuitive Verwendung von Sprache aufgebrochen und bereichert werden. Denn dadurch, dass den Schülern[1] vor Augen geführt wird, dass Wörter im Laufe der Jahrhunderte ihre Bedeutung verändert haben, bekommen sie ein anderes Bewusstsein von Sprache. Es hilft ihnen, ihre eigene Sprachverwendung zu hinterfragen und zu verstehen, dass auch sie das Sprachsystem verändern.

Frage 2: Gegenwartsbedeutung

> Welche Bedeutung hat der betreffende Inhalt bzw. die an diesem Thema zu gewinnende Erfahrung, Erkenntnis, Fähigkeit oder Fertigkeit bereits im geistigen Leben der Kinder meiner Klasse, welche Bedeutung sollte er – vom pädagogischen Gesichtspunkt aus gesehen – darin haben? (Klafki 1963: 136)

Der Bedeutungswandel von Wörtern ist eines der Themen, das den Kindern im Alltag begegnet und das sie mitgestalten. In ihrer Alltagssprache werden Wörter in einem Sinn verwendet, der bis vor ein paar Jahrzehnten oder Jahrhunderten noch gar nicht existent oder ein völlig anderer war. Betrachtet man beispielsweise das Adjektiv „blöd/blöde", dann fällt auf, dass es ursprünglich im Sinne von „schwach" verwendet worden ist (Keller/Kirschbaum 2003: 37f.). Die Schwäche bezeichnet ein

[1] Diese Verwendung schließt sowohl die männlichen als auch die weiblichen Schüler mit ein.

körperliches Defizit. Wenn das Adjektiv heute verwendet wird, so will man damit eine geistige Schwäche aufzeigen. Es bedeutet dann so viel wie „nicht ganz klar im Kopf" zu sein. Bei diesem Vorgang der Metaphorisierung wird mit Hilfe eines Adjektivs für die körperliche Schwäche auf eine geistige Schwäche verwiesen. Weitere Belege für diesen Prozess sind zum Beispiel folgende: Das Adjektiv „dumm" stand ehemals für Stummheit und „doof" für Taubheit (Keller/Kirschbaum 2003: 36). Bei dem heutzutage gebrauchten Sinn von „blöd" kann man von einer Bedeutungsverschlechterung sprechen, denn das Adjektiv ist eindeutig negativ konnotiert und wird oft in einer abwertenden Funktion gebraucht.
Ein weiteres Beispiel wäre das Nomen „Maus". Bei diesem Wort hat eine Bedeutungserweiterung stattgefunden, die zu einer Mehrdeutigkeit des Wortes geführt hat (ähnliche Beispiele: „Hering", „sieben" usw.). Neben der Bezeichnung für ein Nagetier finden wir heute ebenso die Bezeichnung für ein Computerzubehör. Grund für diese Bedeutungserweiterung war eine neue technische Entwicklung, für die ein Name benötigt wurde. Da dieses neue Zubehör sehr dem Aussehen einer Maus ähnelte, wurde der Name für den betreffenden Gegenstand übernommen. Durch dieses Beispiel kann den Kindern der Bedeutungswandel anschaulich erklärt werden, weil sie einen persönlichen Bezug zum Gegenstand „Maus" besitzen.
Ein weiterer wichtiger Punkt betrifft die Zukunftsbedeutung des Themas. Die Frage nach diesem Aspekt wird in der zweiten Frage bereits angesprochen und nimmt die gesamte dritte Frage ein.

Frage 3: Zukunftsbedeutung

Worin liegt die Bedeutung des Themas für die Zukunft der Kinder? (Klafki 1963: 137)

Anders formuliert lautet die Frage: Zu welchem Zeitpunkt könnte das Gelernte erneut zum Einsatz kommen? Es kann ein Aspekt aufgenommen werden, der soeben bereits unter der Frage eins angesprochen wurde. Nämlich der, dass ein Bewusstsein für Sprache geschaffen wird und dass jeder Mensch Sprache mitgestaltet und somit auch verändert. Dieses Bewusstsein, welches durch das Aufmerksam-Machen auf den Bedeutungswandel bei Wörtern und das gleichzeitige Verstehen der Ursachen geweckt wurde, soll weiterentwickelt und ausgebildet werden. Denn der Wandel als allgemeines Phänomen vollzieht sich in vielen Bereichen, sei es zum Beispiel die fortschreitende Technisierung, neuere Entwicklungen in den Künsten, Wissenschaften usw. Den Sachverhalt des Wandels erleben die Kinder tagtäglich und sie nehmen ihn kaum wahr; ein Bewusstsein dafür zu schaffen, ist der erste Schritt auf dem Weg, die eigene Umwelt zu hinterfragen und selbstständig über sich und die Welt nachzudenken. Indem die Prozesse des Bedeutungswandels behandelt werden und mögliche Gründe für die Notwendigkeit thematisiert werden, wird deutlich, dass Wandel aus Gründen heraus entsteht und sich in Prozesse zergliedern lässt. Das ermöglicht es den Kindern auch im späteren Leben, verschiedenste Sachverhalte zu zergliedern und zu hinterfragen. Damit wird ein weitgehendes Verständnis von Prozessen innerhalb eines größeren Sinnzusammenhangs geschult, das in allen Bereichen des späteren Lebens Anwendung finden kann.

Durch die Vermittlung des Phänomens Bedeutungs-/Sprachwandel gelangen die Schüler zu einem tieferen Einblick in die Funktionen von (deutscher) Sprache. Denn Bedeutungswandel von Wörtern kann verschiedene Ursachen haben, sei es das Verlangen nach stärkeren Ausdrücken oder der Bedarf an beschönigenden. Sprache, in diesem Fall die Einheit der Lexeme, erfüllt in ihrer Gebrauchsweise bestimmte Funktionen, die sich je nach Bedarf ändern können. Die Veränderung beruht auf kulturellen, geistigen und sozialen Fortschritten innerhalb einer Gesellschaft. Denn so wie sich Gesellschaft fortlaufend verändert, verändert sich die Sprache als flexibles System mit. Diese Erkenntnis soll den Schülern in ihrer Zukunft dazu verhelfen, Sprache bewusster einzusetzen und zu reflektieren. Auf der anderen Seite soll diese Unterrichtseinheit auch einen Grundstein für die weitere Arbeit in der Schule legen, beispielsweise für den Umgang mit literarischen Texten. Denn dort begegnen den Kindern Wörter, die sie eventuell in einem ganz anderen Bedeutungszusammenhang kennen gelernt haben. Je mehr man über seine eigene Sprache erfährt, desto gezielter und sicherer kann sie im Alltag eingesetzt werden. Es wird im Laufe des Lebens verschiedene Situationen geben, in denen der Mensch mit Sprache und ihren verschiedenen Verwendungsweisen konfrontiert sein wird. In diesem Moment ermöglicht ein spezifischeres Wissen, den zu diesem Zeitpunkt aktuellen Gebrauch zu verstehen. Sprache ist das wichtigste Kommunikationsmedium in der Welt und ein Gespür für die Funktionen von Sprache ist unerlässlich. Dieser Aspekt sollte so früh wie möglich vermittelt werden. Ein weiterer wichtiger Aspekt, bei dem Funktionen von Sprache thematisiert werden, sind die Dialekte und verschiedenen Fachsprachen. An diesen beiden Beispielen lassen sich ebenfalls Sprachwandel und Bedeutungswandel kennzeichnen und auch sie erfüllen bestimmte Funktionen innerhalb des Sprachgebildes.

In Hinblick auf das Bewusstwerden dieses Zukunftsbezugs ist zu sagen, dass er den Schülern höchstwahrscheinlich nicht bewusst ist und für sie eventuell auch schwer einsehbar sein wird. Das knüpft an die bereits angemerkte Tatsache an, dass die Kinder Sprache intuitiv benutzen und für sie das Hier und Jetzt des Gebrauchs zählt. Um ein Gesamtbild von Sprache als flexibles System zu vermitteln, sind mehrere Unterrichtseinheiten nötig. Schlussendlich werden die Schüler wahrscheinlich erst am Ende ihrer Schulzeit einen Ein- und Überblick in das Verhältnis von Sprache, Wandel und Funktion besitzen. Denn mit jeder weiteren Unterrichtseinheit wird das System der deutschen Sprache, das die Schüler im Kopf haben, erweitert und ergänzt. Mit der Zeit lernen sie, wie bestimmte Themenkomplexe mit anderen zu verknüpfen sind und gelangen so langsam zu einer Art Überblick. Der gesamte Deutschunterricht soll die deutsche Sprache mit allen ihren Facetten vermitteln und Stück für Stück das Verständnis für sie schulen. Die Unterrichtseinheit zum Thema „Bedeutungswandel“ stellt solch einen Baustein dar, sie setzt auch ein spezifisches Vorwissen voraus, worauf später noch genauer eingegangen wird.

Frage 4: Inhalt?

Welches ist die Struktur des [...] Inhaltes? (Klafki 1963: 137)

Diese Frage steht in enger Verbindung zu den drei vorigen, da die Struktur des Lerninhaltes mit der Verständnisebene der betreffenden Schüler zusammenpassen muss und die Struktur außerdem unbedingt im Licht der oben beschriebenen ersten drei didaktischen Grundfragen betrachtet werden soll (Klafki 1963: 137).
Beim vorliegenden Thema führt die Frage nach der Struktur zu einzelnen Punkten wie „Ursachen“, „Formen“ und „Folgen“ des Bedeutungswandels. Diese Überbegriffe mögen für Schüler zunächst abstrakt und wenig griffig wirken. Hier stellt sich nun die Frage, welcher dieser Unterpunkte mit der Lebenswelt der jeweiligen Schülergruppe in Einklang steht und in Bezug auf die Gegenwarts- und Zukunftsbedeutung einen geeigneten Einstieg in den Themenkomplex bietet.
Klafki unterscheidet bei der Frage nach der Struktur zwischen mehreren Teilfragen. Zuerst werden „die einzelnen Momente des Inhaltes“ (Klafki 1963: 138) betrachtet; das heißt, in unserem Fall würden die bereits genannten Unterpunkte „Ursachen“, „Formen“ und „Folgen“ des Bedeutungswandels zur Debatte stehen. Der Zusammenhang dieser einzelnen Untergliederungen wird im nächsten Schritt betrachtet. Die drei aufgeführten Momente können chronologisch behandelt werden,

da sie eine logische Reihenfolge bilden. Zuerst treten bestimmte Phänomene auf, die den Bedeutungswandel in Gang bringen, dann wird dieser in die unterschiedlichen Formen mit dazugehörigen Beispielen untergliedert und schließlich folgen logisch die Auswirkungen dieses Prozesses. Dieser Aufbau wäre eine Möglichkeit, jedoch schreibt das Thema nicht zwingend eine eindeutige Anordnung vor. Es würde sich genauso anbieten, zuerst Beispiele für Bedeutungswandel zu betrachten, anhand derer schließlich Ursachen und Folgen erschlossen werden können, die wiederum den jeweiligen Formen zugeordnet werden.

Lässt sich Sprach- und Bedeutungswandel aus verschiedenen Perspektiven betrachten? Welche dieser Schichten sind relevant und können diese getrennt voneinander behandelt werden?

Eine weitere Frage zur Struktur des Inhaltes ist die Notwendigkeit von Vorwissen seitens der Schülergruppe. Das Phänomen Bedeutungswandel steht in einem größeren Zusammenhang, der auch im Unterricht deutlich werden sollte. Das heißt, einzelne Sprachphänomene sollen nicht isoliert analysiert, sondern stattdessen in einen sprach- und literaturgeschichtlichen Gesamtzusammenhang eingeordnet werden. Die Schüler sollten ein gewisses grammatisches Vorwissen mitbringen und zum Beispiel die lexikalischen Kategorien kennen. Dies ist eine wichtige Voraussetzung für das selbstständige Analysieren von Sprachwandelphänomenen. Außerdem ist es den Schülern für den Zugang zum Thema hilfreich, wenn die Verbindung zur Literatur und der Verwendung bestimmter Sprachstadien hergestellt wird. Nur so ist gewährleistet, dass die Schüler den größtmöglichen Nutzen sowohl für ihren Alltag als auch für die weitere Literaturrezeption ziehen können. Es soll den Schülern bewusst sein, dass in unterschiedlichen Epochen der Literatur Sprache jeweils auf eine andere Art Verwendung fand und sich demnach Bedeutungen verändert und verschoben haben. Am einfachsten schafft man dieses Bewusstsein, indem man die Schüler auf ihre ganz persönliche Sprachverwendung hinweist, in der – oft unbewusst – selbst innerhalb kürzerer Zeit Wörter in anderen Zusammenhängen und daher mit anderen Bedeutungen eingesetzt werden.

Ein weiterer Aspekt, der in Hinblick auf die Struktur eines Lerninhaltes beachtet werden muss, sind mögliche Schwierigkeiten, die durch gewisse Eigenheiten des Lernstoffes bedingt sind. Hier ist zu bedenken, dass Schüler möglicherweise zu einer gewissen Abneigung gegenüber älteren Texten neigen, da sie diese als fremdartig, veraltet und daher irrelevant ansehen. Dieser möglichen Ablehnung kann entgegengetreten werden, indem die bereits diskutierte Relevanz des Themas für die

Gegenwart und besonders auch für die Zukunft hervorgehoben wird. Speziell was die Zukunft betrifft, kann das Phänomen des Sprachwandels und die „Macht", ihn mitzugestalten das Interesse und die Begeisterung der Schüler wecken. Außerdem kann im Rahmen unseres Themenblockes zum Beispiel das Vorurteil thematisiert und hinterfragt werden, dass Sprachwandel Sprachverfall bedeutet. In ihrer Lebensrealität werden Schüler häufig mit derartigen Ansichten konfrontiert – zum Beispiel von Eltern, die den Sprachgebrauch in E-Mails oder SMS-Kurznachrichten kritisieren oder bestimmte „Modeausdrücke" herabwürdigen. Mit dem Betrachten von Sprachwandel als unausweichliches, ja sogar notwendiges Phänomen, als wissenschaftlich belegter Prozess, der historisch zurückverfolgt oder in die Zukunft prognostiziert werden kann, wird verdeutlicht, dass es nicht nur unaufhaltbar, sondern schlicht natürlich und notwendig ist, Sprache kreativ zu verwenden und je nach veränderten Umständen und Bedürfnissen weiterzuentwickeln.

Zuletzt steht zur Debatte, welcher Teil der analysierten Struktur nun als „Mindestwissen" bei den Schülern „hängen bleiben" soll. Beim Thema Bedeutungswandel besteht der zentrale Aspekt im Verständnis von Sprache als dynamisches und flexibles System. Dies sollte den Schülern bewusst werden und sie sollten befähigt sein, ihre eigene Sprache auf derartige Phänomene zu untersuchen sowie Sprachgebrauch allgemein kritisch zu betrachten und zu analysieren. Sie sollen schlicht sensibilisiert und so befähigt werden, den größeren Zusammenhang zu verstehen, anstatt beispielsweise zahllose Beispiele auswendig zu lernen und danach den Nutzen nicht begriffen zu haben.

Frage 5:Veranschaulichung

> Welches sind die besonderen Fälle, Phänomene, Situationen, Versuche, Personen, Ereignisse, Formelemente, in oder an denen die Struktur des jeweiligen Inhaltes den Kindern dieser Bildungsstufe, dieser Klasse interessant, fragwürdig, zugänglich, begreiflich, "anschaulich" werden kann? (Klafki 1963: 140)

Diese didaktische Grundfrage wird von Klafki ebenso weiter unterteilt und als erstes wird die Frage aufgeworfen, wie ein Unterrichtsgegenstand auf geeignete Weise „in den Fragehorizont" des Kindes gebracht werden kann. Das heißt, das Interesse des Kindes soll geweckt und der natürliche Wissensdurst als Antrieb für den Unterricht genutzt werden. Dies lässt sich beim Thema Bedeutungswandel beispielsweise erreichen, indem man den Schülern einen Text bereitstellt, der sich mit einem ihnen bekannten und interessanten Thema beschäftigt, jedoch Wörter enthält, die zum Beispiel veraltet sind und daher den Sinn des Textes für die Schüler zunächst entstellen. So bietet sich den Schülern die spannende Aufgabe, den „Code" zu entschlüsseln und den Sinn zu erfassen. Ebenso können Texte moderner Musikgruppen und Künstler als Anschauungsmaterial dienen, um die aktuellen Anzeichen für Sprachwandel aufzuspüren. Hier können Schüler möglicherweise sogar den Lehrern Aufschluss über bestimmte Ausdrücke geben, woraufhin diese Entwicklung dann gemeinsam erforscht und hinterfragt werden kann, indem der Lehrer sein sprachgeschichtliches Wissen einbringt. Auch einige Redewendungen und Sprichwörter, in denen häufig veraltete Formen erhalten geblieben sind, eignen sich, um die Neugier der Schüler zu wecken. „Das ist doch nicht mehr als recht und billig" oder „lieb und teuer" sind Phrasen, die Schüler möglicherweise selbst verwenden, zumindest aber häufig hören, und die Herkunft dieser Ausdrucksweisen, ebenso wie die teilweise sinnveränderte Benutzung von Wörtern, sind den meisten Sprechern überhaupt nicht bewusst. Diese Phänomene ins Bewusstsein zu rufen und zu ergründen, führt zu einem Lernprozess, der aus Neugier heraus motiviert werden kann.

Ein weiterer wichtiger Punkt, den Klafki in den Raum stellt, ist die Wichtigkeit des selbstständigen Erarbeitens von Inhalten. Die Lehrperson soll also geeignetes Material bereitstellen und den Stoff so aufbereiten, dass die Schüler anhand von Modellfällen analog eigene Lösungen und Ergebnisse finden können. Hier schlägt Klafki vor, bei Inhalten, die „das Ergebnis eines gedanklichen Entwicklungsprozesses sind, [die Schüler] in die Ursprungssituation" (Klafki 1963: 141) zurückzuführen. Das bedeutet, man könnte die Schüler zum Beispiel vor genau das Problem oder genau die Frage stellen, die vergleichbar ist mit der Situation, welcher Wissenschaftler gegenüberstehen, wenn der Verlauf und die Ergebnisse einer Untersuchung tatsächlich noch ungewiss sind. Im Falle des Bedeutungswandels würde es sich anbieten, die Schüler nach dem Sichten von Material aus unterschiedlichen Stufen der Sprachentwicklung selbst Regelhaftigkeiten und mögliche Verwandtschaftsbeziehungen bestimmter Wörter festzustellen und auf dieser Basis zum Beispiel die Bedeutung von Sprichwörtern wie den oben genannten zu erschließen. Im Gegensatz zu bloßem Vortragen der Fakten und Ergebnisse kann der Stoff auf diesem Wege erfolgreich veranschaulicht und der Lösungsprozess für die Schüler nachvollziehbar und verständlich gemacht werden.

Der letzte Teilaspekt der Frage zur Veranschaulichung betrifft die exemplarische Natur eines Falles. Laut Klafki kann mit Hilfe eines exemplarischen Beispiels das zugrundeliegende Prinzip eines Lerninhaltes erfasst und eingeübt werden. Die Lehrperson soll also Aufgabentypen mit beispielhaften Situationen zum Einsatz bringen, die mit der Lebensrealität der Schüler in Verbindung stehen. Beim Thema Bedeutungswandel liegt es also zum Beispiel nahe, die Entwicklung von Wörtern wie "geil" oder "krass" zu behandeln, die die Schüler im Kontext ihres persönlichen Sprachgebrauchs einzuordnen wissen. Die hieraus gewonnenen Erkenntnisse über die Mechanismen von Sprachwandel lassen sich dann auf andere, abstrakter wirkende Phänomene übertragen.

4. Mögliche unterrichtliche Umsetzung

Bei einer Einheit „Bedeutungswandel von Wörtern" in der Schule sollen die Schüler erkennen, dass die Sprache und das Sprachsystem flexibel sind. Zudem soll ihnen bewusst werden, dass alle Menschen, auch sie, die Sprache verändern, dass dieser Prozess andauert und die Folgen nachvollziehbar und erlebbar sind. Den Schülern sollen dabei die verschiedenen Funktionen der Sprache (zum Beispiel Abgrenzung) deutlich werden und sie sollen verstehen, dass unterschiedliche Spracharten (zum Beispiel Fachsprache und Umgangssprache) in verschiedenen Kontexten eine andere Funktion ausüben. Dabei soll das Bewusstsein bei den Schülern geschaffen werden, wie sie selbst wann welche Sprachart nutzen und welche Wirkung ihr Sprechverhalten auf andere hat.

Das Thema Bedeutungswandel hat dabei verschiedene Bezüge zum Bildungsplan 2004. Für die Klassenstufe 10 ist beispielsweise vorgesehen, dass die Schüler lernen, sich zielgerichtet zu informieren und diese Informationen auch bewerten zu können. Zudem sollen sie in der Lage sein, Begriffe und Sachverhalte zu klären und zu verstehen. Im Deutschunterricht soll auch die Möglichkeit bestehen, sich im Umgang mit nichtliterarischen Texten zu üben. In der Stufe 10 sollen die Schüler auch ihr Sprachbewusstsein weiterentwickeln. Dazu gehört, dass sie lernen, wie man verschiedene Spracharten voneinander unterscheidet. Ferner sollen Schüler um die wesentlichen Einflüsse wissen, die zur heutigen Standardsprache geführt haben. Im Themenbereich Sprachwandel lassen sich diese Einzelaspekte sehr gut zusammen umsetzen, da bei diesem Thema viele verschiedene Facetten der Sprache angesprochen und anschließend reflektiert werden können. Dabei kann auch im Laufe einer Unterrichtseinheit ‚Bedeutungswandel von Wörtern' die Verbesserung der Medienkompetenz eine wichtige Rolle spielen. Nutzt man darüber hinaus noch entsprechende Methoden wie zum Beispiel Freiarbeit, können die Schüler über den stofflichen und methodischen Inhalt hinaus auch soziale Kompetenz erlernen.[2]

Neben dem Erkennen sprachlicher Mittel wie zum Beispiel Mehrdeutigkeit sollen die Schüler nach dieser Einheit fähig sein, mit der Sprache reflektiert umzugehen. Die Schüler werden angeregt, sich zu fragen, wie eine Mehrdeutigkeit überhaupt zustande kommt und welche Prozesse für das Aufkommen von Sprachwandel im Allgemeinen und Bedeutungswandel im Besonderen verantwortlich sind. Vielen Schülern fällt das Verständnis eines älteren Deutsch wie beispielsweise bei Schiller und Goethe schwer. Hier lässt sich der Themenkomplex Bedeutungswandel gut mit anderen Themen aus dem Deutschunterricht verbinden. Man kann diese Einheit dann zum Beispiel vor eine Goetheeinheit stellen und dann mit Sätzen aus Goethes Werken arbeiten. So wird den Schülern bewusst, dass manche Redewendungen deshalb seltsam klingen, weil sich die Bedeutung eines Wortes verändert hat.

Das Thema Bedeutungswandel kann aber auch im situativen Grammatikunterricht angewendet werden. Gerade während einer Literatureinheit, zum Beispiel Goethe oder Schiller, kann man einzelne missverständliche Wörter herausgreifen. Es erleichtert den Schülern den Umgang mit älteren Texten ungemein, wenn Formulierungen erklärt werden und die Bedeutung einzelner Worte und ihre Veränderung herausgearbeitet werden kann. Ein Wort, das sich dafür anbietet ist zum Beispiel *gemein*, das nicht nur „hinterhältig, boshaft" bedeutet, sondern früher „gewöhnlich" meinte (Keller/Kirschbaum 2003: 65). Dieses Wort kann man anhand mehrerer Textzitate beleuchten und daran anknüpfend über Prozesse der Sprach- und Bedeutungsveränderung sprechen. Auch bei einer kurzen Einheit kann den Schülern bewusst werden, dass die Sprache ein flexibles System ist, das auch sie verändern.

Im Folgenden werden wir eine kleine Einheit zu dem Wort *gemein* vorstellen. Dieses Wort hat unterschiedliche Bedeutungen, die historisch ableitbar sind. Damit gehört dieses Wort in die Kategorie Polysemie. *Gemein* hat mehrere Bedeutungs- und Verwendungsmöglichkeiten. Zum einen wird es verwendet, um etwas Gewöhnliches und Alltägliches zu beschreiben, dabei wird es heute oft abwertend genutzt („Die sind nichts Besonderes, nur ganz gemeine Leute."). Zum anderen kann dieses Wort

---

2 Bildungsstandards für Deutsch: (Zugriff am 20.8.2009) http://www.bildung-staerkt-menschen.de/service/downloads/Bildungsstandards/Gym/Gym_D_bs.pdf., S. 11 ff.

genutzt werden, um eine Ungerechtigkeit zum Ausdruck zu bringen („Es war so gemein, wie mich mein Bruder behandelt hat!"). Eine weitere Bedeutung kann etwas gemeinsames sein, wie zum Beispiel „Alle hatten eine dunkle Hautfarbe gemein."
Wird eine dieser Wendungen im Unterricht besprochen, besteht die Möglichkeit, eine Einheit zum Bedeutungswandel zu gestalten. Hierbei würde es sich anbieten, mit mehreren Zitaten aus verschiedenen Epochen zu arbeiten. In diesen Zitaten soll deutlich werden, dass das Wort *gemein* unterschiedlich genutzt wird. Dabei können Zitate aus Sachbüchern und aus literarischen Werken genutzt werden. Werden die Zitate dann verglichen, erkennen die Schüler, dass das Wort jeweils anders benutzt wird und sich unterschiedliche Bedeutungen ergeben. Ist dies gelungen, kann man das Wort weiter untersuchen und die ursprüngliche Bedeutung zum Beispiel an Hand des ältesten Zitates herausarbeiten.
Nach dem dreißigjährigen Krieg wurde das Wort *gemein* noch mit der Bedeutung *gewöhnlich* benutzt, so schreibt Hans Jakob Christoffel von Grimmelshausen in seinem Werk „Simplicissimus Teutsch"[3]:

> Obschon im Krieg der Adel, wie billig, dem *gemeinen* Mann vorgezogen wird, so kommen doch viel aus verächtlichem Stand zu hohen Ehren. (Simplicissimus, Das erste Buch, 17. Kapitel, 49)
>
> (...) diejenigen, auf welche er viel hielt, gewann ich mit allerhand Ehrerbietungen, seine getreuen Diener brachte ich durch Geschenk auf meine Seiten, und mit denen, so etwas mehr als meinesgleichen warn, soff ich Brüderschaft und schwur ihnen ohnverbrüchliche Treue und Freundschaft; die *gemeinen* Bürger und Soldaten waren mir deswegen hold, weil ich jedem freundlich zusprach. (Simplicissimus, Das dritte Buch, 19. Kapitel, 276)

Grimmelshausen benutzt hier das Wort *gemein*, um einen sozialen Status zu bezeichnen. Vor allem im letzten Zitat wird deutlich, dass *gemein* ‚nicht-adlig' bezeichnet. Auch später wird *gemein* genutzt, um Dinge zu differenzieren. Goethe nutzt das Wort, um damit Vornehmens und Adliges von Gewöhnlichem abzugrenzen, aber auch um Dinge von Künstlerischem und Sakralem zu unterscheiden.

[3] Die folgenden Zitate sind gekürzt übernommen aus: Keller, R. / Kirschbaum, I. (2003): Bedeutungswandel. Eine Einführung. Berlin.

> Durch meine Leichtigkeit zu reimen und *gemeinen* Gegenständen eine poetische Seite abzugewinnen, hatte er sich gleichfalls zu solchen Arbeiten verführen lassen. (DuW.2 237: 23f.)

> (...), es ist kein *gemeines* Essen und Trinken, was befriedigt, es ist eine Himmelsspeise, die nach himmlischem Tranke durstig macht. (DuW.2 290: 29-31)

> Die jungen Leute, mit denen ich auf diese Weise immer in nähere Verbindung kam, waren nicht eigentlich *gemeine*, aber doch gewöhnliche Menschen. (DuW.1 173: 6-9)

Auch Goethe nutzt dieses Wort noch, um eine soziale Differenzierung zu verdeutlichen. Vermutlich ist aus dieser Differenzierung die negative Wertung entstanden, die das Wort *gemein* heute oft hat. Diese Entwicklung deutet sich schon im letzten Zitat an, in dem Goethe gewöhnliche Menschen *gemeinen* Menschen gegenüber aufwertet. *Gemein* im Sinne von gewöhnlich, alltäglich wird heute nur noch selten verwendet. In der Biologie spricht man aber weiterhin von der „Gemeinen Hasel (*Corylus avellana*)", da diese der vorherrschende Haselstrauch ist.
Nach diesen Zitaten kann nun erarbeitet werden, welche Art einer Veränderung hier aufgetreten ist. Kommt es zu einer Verbreiterung eines Begriffes oder zu einer Verengung oder hat sich die heutige Bedeutung völlig von der vorherigen Bedeutung gelöst? Anschließend besteht die Möglichkeit, mit den Schülern zu erarbeiten, wie es zu einer solchen Veränderung kommen kann. Dies kann gesellschaftliche, historische und politische Hintergründe haben. Wurde das Wort zum Beispiel genutzt, um sich von einer anderen Sache abzugrenzen, oder wurde es benutzt, um einen schlechten Sachverhalt zu beschönigen? Es können sich auch die Hintergründe ändern wie bei dem Wort Feder, das früher ein Schreibgerät bezeichnete und heute meistens ein elastisches Stück in einem Gerät bezeichnet. Zudem tendieren viele Sprecher zu Euphemismen und zu bildhaften Ausdrücken. Dieser Sprachgebrauch verändert die Wortbedeutung dahingehend, dass Bedeutungen eines Wortes verloren gehen oder neue Bedeutungen hinzukommen können. Hier können nun auch andere Sprachaspekte angesprochen werden wie der Gebrauch unterschiedlicher Sprachstile (Fachsprache und Umgangssprache).
Um den Bedeutungswandel wie in den vorhergehenden Abschnitten durchzuführen, bietet es sich an, dies in der Oberstufe zu tun. In diesem Alter haben die Jugendlichen Erfahrungen im Bereich des selbstständigen Lernens gesammelt und sie haben die notwendigen Methodenkompetenzen. Die Einheit kann dann auch im Gegensatz zu

dem oftmals formalen und starren Grammatikunterricht stehen, den die Schüler bisher erlebt haben. Ideal wäre dafür die 10. oder 11. Klassenstufe. In dieser Stufe können die Schüler durchaus mit leichten wissenschaftlichen Texten und ihnen bis dahin unbekannten Fach- und Fremdwörtern umgehen.

Literaturverzeichnis

Hohl, A., Paric, J. & Zimmer, C. (in diesem Band): Thema „Ambiguität" im Deutschunterricht, 31-51.

Keller, R.; Kirschbaum, I. (2003): *Bedeutungswandel. Eine Einführung.* Berlin.

Klafki, W. (1963): *Studien zur Bildungstheorie und Didaktik.* Weinheim.

Menzel, W. (1999): *Grammatik-Werkstatt. Theorie und Praxis eines prozessorientierten Grammatikunterrichts für die Primar- und Sekundarstufe.* Seelze.

Peterßen, W. H. (1999): *Kleines Methoden-Lexikon.* München.

Rothstein, B. (2010): *Sprachintegrativer Grammatikunterricht. Zum Zusammenspiel von Sprachwissenschaft und Sprachdidaktik im Mutter- und Fremdsprachenunterricht.* Tübingen.

Stedje, A. (2007): *Deutsche Sprache gestern und heute.* Paderborn.

Zähringer, R. (in diesem Band): Sprachproduktivität im Chat und Linguistik in der Schule, 53-63.

Onomatopöie und ihre Chance in der Schule

(Georg Walk)

1. Einleitung

Diese Arbeit behandelt das Thema der Onomatopöie. Im Speziellen wird hierbei untersucht, inwieweit Lautmalerei eine gewinnbringende Rolle im Schulunterricht spielen kann.

Die Onomatopöie ist ein – im Schulunterricht – gerne vergessenes und unterschätztes Kind der Linguistik und ist deswegen Thema dieser Arbeit. Sie soll hierbei wieder etwas ins Scheinwerferlicht gerückt und mit ihrem ganzen Potential vorgestellt werden. Das Vorgehen startet mit der Sachanalyse, die den Forschungsstand zu Onomatopöie in aller Kürze zusammenfasst und Charakteristika herausarbeitet. In der darauf folgenden didaktischen Analyse wird ihr Potential für die Schule aufgezeigt und erläutert, welche Entwicklungsmöglichkeiten sie Schülern bietet.

Am Ende der Arbeit steht ein kurzer Schlussgedanke.

2. Sachanalyse

„Lautmalerische oder onomatopoetische [...] Wörter nennt man solche, die die von ihnen bezeichneten Gegenstände oder Vorgänge klanglich nachahmen" (Burdorf 1997: 36). Es klingt hierbei schon an, dass sich ein lautmalendes Wort nicht „mit einer bloßen Zeichenfunktion zufrieden [gibt], es hat vielmehr den Ehrgeiz, die akustische Erscheinung [...] lautmalerisch wiederzugeben." (Strehle 1956: 11).

Michael Groß stellt die linguistische Problematisierung des Onomatopoetischen dar (Groß 1998). Er befasst sich mit Saussures Arbitrarität des Zeichens am Beispiel des Bezeichneten *Schwester*, welches nach Saussure keinerlei Beziehung zu der Bezeichnung habe (vgl. ebd.: 64). Jedoch hat Saussure die Arbitrarität des Zeichens auch für lautmalerische Wörter vertreten (vgl. ebd.: 65f.). Gerade hier führt auch Groß zwei Einwände an. Ersterer sei, dass es sich bei Onomatopoetika um einen vorgegebenen Sachverhalt handle. Dies hat Saussure ebenfalls bedacht und eingestanden, dass es eine gewisse Abbildung des Geräusches gebe, diese aber morphologischem Wandel unterworfen sei und so mit der Zeit immer mehr ihre eigentliche Nachahmungsfunktion verlöre (vgl. ebd.: 65; 69). Der zweite Einwand wäre, dass Ausrufe ein spontaner Ausdruck eines Sachverhaltes seien. Auch dies wird von Saussure zurückgewiesen, der auf die Unterschiedlichkeit der Sprachen verweist. Der Deutsche rufe *au* und der Franzose *aïe* (vgl. ebd.: 65).

Strehle sieht die Unterschiedlichkeit der Sprachen erst gar nicht als Problem oder als Einwand gegen die Lautmalerei. Er beschreibt am Beispiel des Hahnenschreis, wie unterschiedlich die verschiedenen Völker ihn realisieren und wie dies mit dem Hören und Interpretieren des Geräusches selbst zusammenhängt. Der Engländer rufe „cockadoodledoo", der Franzose „couquerocoh" und der Deutsche „kickeriki" (vgl. Strehle 1956: 13). Er vergleicht dies mit Malern, die alle dasselbe Modell vor sich haben, es aber verschieden auffassen und so jeweils ein anderes Bild entsteht. Mit dieser Grundlage spricht er sich dafür aus, die Lautmalerei so weit zu fassen sei „um eine einigermaßen zutreffende Vorstellung von ihrer Verbreitung zu erhalten." Strehle (ebd.). Zusammenfassend schreibt Groß, dass

> das ‚eigentliche Onomatopoetikum' [...] weder arbiträr im Sinne Saussures noch eine Schallnachahmung im Sinne Hilmers [ist]. Trotz einzelsprachlicher Unterschiede enthält es [...] ‚Reste' von Lautnachahmungen[.] [...] Nach Verschiebung der Referenz auf ein Objekt oder einen Vorgang unterliegt [es] allen sprachlichen Veränderungen, die sich aus [...] einer Sprache ergeben. In einem synchronischen Schnitt [...] ist es dann arbiträr. (Groß 1988: 68f.).

Eine Untersuchung zur Entstehung der Onomatopöie hat Wissemann (1954) durchgeführt. Er hat Versuchspersonen genormte Geräusche realisieren lassen. Sie sollten Wörter für Geräusche „erfinden" (vgl. ebd.: 12-25). So galt es zum Beispiel das Geräusch eines Hammers, der auf Eisen schlägt, zu realisieren. Die Versuchspersonen konnten den Vorgang und die einzelnen Komponenten, der am Geräusch beteiligten Gegenstände, nicht sehen – nur gut hören. Die daraufhin gemachten Beobachtungen wurden von Wissemann gesammelt und interpretiert. Er kommt zu dem Ergebnis, dass die Entstehung von Onomatopoetika nicht nur von dem Geräusch selbst, welches sie nachahmen, sondern noch von viel mehr Faktoren bestimmt wird. Ein Onomatopoetikum ist Teil eines

> seelischen Phänomen[s] [und] ruf[t] ein komplexes psychisches Umfeld [...] wach. [Bei der Realisierung von Geräuschen versuchten die Versuchspersonen] plastische, möglichst,

> konkrete, ins einzelne gehende Vorstellungen [des Geräusches] zu erzeugen, [...] oft unter ungehemmter Mitwirkung der Phantasie. (ebd.: 236).

Das psychische Umfeld ist die sprachliche Basis, aus der – durch vielfältige Variationen – versucht wird, das Geräusch „richtig wiederzugeben".
Auffällig ist dabei, dass die Probanden Neubenennungen fast ausnahmslos als Interjektionen realisieren und diese oft schon im normalen Sprachgebrauch üblich sind, aber von den Probanden als Neuschöpfung empfunden werden (vgl. ebd.). Ebenso ist auffällig, dass die Silbe ein wichtiger Teil der Neubenennungen ist. Sie steht für die Teile des Geräusches. So hat ein Wort die gleiche Anzahl an Silben, wie das Geräusch Teile hat (vgl. ebd.: 23). Als Beispiel hierfür lässt sich das klassische „ding-dong" einer Türklingel anführen.
Spinnt man diesen Gedanken weiter, stellt sich die Frage nach der Wirkung von lautmalerischen Wörtern. Strehle versucht diese zu erforschen und darzustellen. Er unterscheidet die *klassische Lautmalerei*, bei der ein Wort tatsächlich versucht ein Geräusch darzustellen. So z.B. das Wort *Donner*. Es versucht „die akustische Erscheinung des Donnergrollens lautmalerisch wiederzugeben." (Strehle 1956: 11) Die zweite Erscheinung wäre die *heimliche Lautmalerei*, die sich schon

> mit der Andeutung, daß ihr Gegenstand zu [einer] Gruppe gehöre, für die ein Geräusch allgemeinen Charakters [...] bezeichnend ist, ein summendes [...] windähnliches [...] oder eines, das an einen Knall erinnert. (ebd.: 15).

Die Vorgehensweise von Strehle zur Erforschung dieser Bedeutung orientiert sich dabei an drei Leitfragen:

1. Welche Merkmale seines Begriffs will das Wort veranschaulichen?
2. Mit welchen Ausdrucksmitteln?
3. Wie erklärt sich der Sinn dieser Ausdrucksmittel? (ebd.: 12).

Strehle geht bei der Untersuchung von den einzelnen Konsonanten und Vokalen aus. Er geht besonders auf die Art ihrer Artikulation ein. So kategorisiert er in *Knalllaute*, wie [*b,p – d,t – g,k – pf*] und [*x*]. Diese haben gemein, dass sie ein kurzes, knallähnliches Geräusch entstehen lassen, wenn sie artikuliert werden. Logischerweise tauchen diese dann auch in Wörtern auf, die etwas Knallendes,

Brechendes, Plötzliches und Platzendes bezeichnen. So z.B. *Explosion*, *Pfropfen*, *Spektakel*, *brechen*, uvm. (vgl. ebd.: 16ff.).

Als nächste Kategorie sind die *Summ- Brumm- und Surrlaute* ([*m, n, l, s, n, g, e, i, r*] und der *Nasallaut*) zusammengefasst. Man findet diese in summenden Tieren, wie der *Hummel*, der *Biene* und der *Libelle*. Ebenso sind sie in Wörtern zu finden, die mit Musik zu tun haben, da sie einem musikalischen Geräusch noch am nächsten sind. Hierbei sind Wörter wie *Violine*, *Trommel, Gong*, *Mühle* und *Maschine* einige Beispiele. Die *Summ,- Brumm- und Surrlaute* werden nicht nur als solche gehört, man kann sie auch in Mund- und Nasenraum deutlich fühlen.

Windlaute sind Strehles dritte Kategorie. Bei Lauten wie [*f, w, pf*] und anderen Hauch- und Zischlauten wird ein Luftstrom ausgeblasen, welcher schon als Wind vorne am Mund zu spüren ist. Beispiele hierfür sind *geschwind*, *Pfeil*, *Wipfel* uvm. (vgl. ebd.: 29ff.).

In Kapitel zwei seines Buches widmet sich Strehle der Interjektion und ihrer Bedeutung. Für Strehle sind Interjektionen „unwillkürliche Ausrufe, in denen sich Affekte und Erregungen nicht nur entladen, sondern auch kundtun." (Strehle 1956: 37). Dabei zählt er als Ausrufe der Bewunderung *ah!*, *oh!*, *uh!* und *ah!* auf.

Weitere Interjektionen Geruchs- und Geschmacksreize betreffend zählt Strehle auf, so das genießerische *hm!* und *hn!*; die Ekelreaktion *ih!*; das schroff ablehnende *m!* und *n!* und die Abscheureaktion *äh!* (*bäh!*) sowie die Protestinterjektionen *oh! öh!* und *üh!* (vgl. ebd.: 46ff.).

Mit Silbenraffung und -dehnung als sprachliches Ausdrucksmittel beschäftigt sich Kapitel drei. Dabei werden kurze, schnelle Worte genutzt, um z.B. jemanden zum Arbeiten zu bewegen (wie *auf! Flott! Zack!)*. Ebenso werden die Silben länger gesprochen, wenn um Ruhe oder Sorgfalt gebeten wird (wie bei *langsam, ruhig* und *gemach)* (vgl. ebd.: 65ff.).

Rhythmus, Wortmelodie und Wortmonotonie sind in Kapitel vier und fünf aufgeführt, um zu zeigen, wie durch Wiederholungen Monotonie entstehen kann, aber auch eine Verstärkung des Ausdrucks realisiert wird.

Strehle stellt hier eine sehr romantische Sicht der Dinge dar. Es sind zweifelsohne logische und schlüssige Überlegungen, die einleuchten und häufig ihre Wirkung in Strehles Sinne erzielen. Gerade aber in lyrischen Texten lässt man sich gerne dazu verleiten, diese Wirkung in wenigen Sprachlauten realisiert zu sehen, doch sollte dabei nicht vergessen werden, dass die einzelnen

> Sprachlaute [...] im Kontext [...] mit anderen poetischen Mitteln und mit Rücksicht auf den literarhistorischen und soziohistorischen Kontext des jeweiligen poetischen Textes untersucht werden [müssen.] (Groß 1988: 161).

Strehle wird hier so ausführlich aufgeführt, da sein Buch die Grundlage für die kommende didaktische Analyse bildet. „Vom Geheimnis der Sprache" ist deswegen ausgewählt werden, weil seine Inhalte sehr anschaulich kategorisiert sind, es einfach zu verstehen ist und gerade dadurch für Schüler einen sehr leichten Einstieg in eine ganz neue Ebene des Sprachgefühls ermöglicht.

3. Didaktische Analyse

Die didaktische Analyse untersucht nun, inwieweit die Onomatopöie für die Schule geeignet ist. Sie macht Vorschläge für den Schulunterricht zu den wichtigsten Inhalten, der didaktischen Reduktion und zum Adressatenbezug. Es wird auf die objektiven Interessen der Schüler eingegangen und ein Abgleich mit dem Bildungsplan gemacht. Zudem werden die Herangehensweise des Unterrichts, Organisationsformen, Methoden und die dazu geeigneten Medien vorgestellt. Dabei soll es nicht darum gehen, eine klare Unterrichtseinheit für eine Altersstufe zu entwerfen oder bestimmte Methoden vorzugeben. Vielmehr soll diese Analyse Möglichkeiten für die gesamte Schulzeit aufzeigen und dazu dienen, das Potential der Onomatopöie darzustellen und kleine Anstöße zu geben, um eigenständige Vermittlungsideen ins Rollen zu bringen.

Die inhaltlichen Schwerpunkte des Themas beziehen sich stark auf die Klärung der Fragen: Was ist Onomatopöie? Wie entsteht sie? Wie erfahren wir sie? Welches Potential steckt in ihr? Wenn sich Schüler und Lehrer diesen Fragen stellen und Antworten suchen, müssen sie in die Onomatopöie selbst eintauchen und sie aus nächster Nähe kennenlernen, um sie dann in einem reflektorischen Schritt von außen erneut zu betrachten. Auf diese Weise machen alle Beteiligten eine sehr persönliche Erfahrung, die auf einer Metaebene im Anschluss kritisch betrachtet wird.

Reduktion wird durch das Weglassen der unwichtigen oder überfordernden sowie schwer zugänglichen Inhalte, wie dem Dadaismus erreicht. Die Schüler sollen so vor einer Überforderung geschützt werden. Es empfiehlt sich eine progressive

Hinführung zum Thema. Vom Bekannten soll schrittweise das Unbekannte entdeckt werden.

Die Unterstufe hat sicherlich sehr viel Spaß damit, Geräusche nachzumachen, Wörter für Geräusche zu erfinden, zu untersuchen und dabei spielerisch ein Sprachgefühl zu entwickeln. Die meisten Kinder mögen Tiere. Mit dem Bild eines Frosches kann ein einfacher Einstieg in die Thematik geschaffen werden. Fragt man die Kinder: „Wie macht der Frosch?“ werden diese sicherlich mit „quak“ antworten. So kann der Bezug zu dem Wort *quaken* geschaffen werden. Mit weiteren Verben, die Geräusche verdeutlichen, können sich die Schüler im Folgenden selbst beschäftigen. Als Beispiele dienen hierbei *rasseln*, *trampeln*, *knallen*, *flüstern* und viele mehr. Der Fokus wird auf das individuelle Empfinden und Gefühl beim Sprechen von Wörtern gelegt, im Sinne von „Erleben und Erfahren“. Fragen wie: „Was passiert im Mund, wenn ich dieses Wort spreche?“, „Wie verdeutlicht die Aussprache das Wort?“ und „Ist die Wortmelodie dem Geräusch ähnlich?“.

Genau wie Wissemann kann man in einem folgenden Schritt die Schüler ein Geräusch mit einem Wort beschreiben lassen. Auch dazu können die bereits gestellten Fragen in einer „Was muss ich tun, um...?“- Form gestellt werden. Durch dieses intensive Beschäftigen sammeln alle Schüler Erfahrung im Umgang mit Onomatopoetika. Sie lernen die Artikulationsorte für bestimmte Buchstaben und erfahren ihre Möglichkeiten für die Geräuschnachahmung. Dabei werden die Kategorien Strehles viel deutlicher und bekommen eine praktische Komponente.

Anwendung finden Onomatopoetika in Gedichten und können dort im weiteren Verlauf von den Schülern unter die Lupe genommen werden. Ein schönes Beispiel ist hier das Gedicht von Schiller „Eine Leichenphantasie“. Es enthält einige Interjektionen wie *ach* und *O*, zudem finden sich Onomtopoetika im ganzen Gedicht wieder, vor allem aber in der zweitletzten Strophe sind sehr anschauliche enthalten, wie *wimmernd*, *schnurrt* und *grollten*.

Onomatopöie eignet sich nicht nur für die Unterstufe, es können alle Stufen des Gymnasiums angesprochen werden. Genauso kann die Onomatopöie in der Mittelstufe und in der Oberstufe für eine Reflektion und Erweiterung des eigenen Sprachgefühls und der eigenen Sprachkompetenz genutzt werden. Die Schüler reflektieren ihre bereits gemachten Erfahrungen mit einer völlig neuen und erweitern dabei ihren Horizont. Orientiert man sich nun an den Schülern und ihren Interessen, so werden sie sich für die Aspekte der Wortwirkung, Wortbedeutung und schließlich auch der bewussten Nutzung der Worte interessieren. Planspiele (z.B. Vorträge vor einem Plenum mit verschiedenen Themen wie Revolutionsaufruf, Liebesbeweise oder ein Friedensappell) können die Wirkung der Onomatopoetika zur Unterstützung der Redeintention einbauen. Beim kreativen Schreiben ist es von Bedeutung zu wissen, wie Worte wirken, um sie richtig einzusetzen. Gerade bei Gedichten kann mit einem einzelnen Wort viel Wirkung erzielt werden. Strehle (1956) gibt hierzu Hilfestellung durch verschiedene Unterkategorien wie *Knalllaute*, *Windlaute*, *Summ - und Brummlaute*.

Das Herangehen an die Onomatopöie erfolgt am besten über induktives Vorgehen. Die Schüler sollen reflektieren, interpretieren, fühlen, erleben, Nutzen und Wirkung erzeugen. Dies ist alles sehr individuell und deswegen sollen sich die Schüler mit sich und ihrer Sprachkompetenz auseinandersetzen. Dazu müssen sie Onomatopoetika genau analysieren, selbst welche erschaffen und diese verbessern. Weitere Beschäftigung untereinander – in Arbeits- und Diskussionsgruppen zu den Analysen und Eigenschöpfungen von Onomatopoetika – dient zum wechselseitigen Austausch und zum Vergleich und der Erweiterung der eigenen Sprachkompetenz.

Bei den Organisationsformen oder Methoden des Unterrichts ist es wichtig, dass die Schüler viel Zeit für sich haben und sich in Ruhe mit Wörtern beschäftigen können. Dafür eignen sich Organisationsformen wie Freiarbeit, Gruppenarbeit, Stillarbeit, Einzelarbeit und auch eine Projektarbeit, die am Ende einer Einheit vorgestellt werden kann. Methoden hierfür wären beispielsweise ein „Markt der Möglichkeiten“, Gruppenpuzzle oder das Stationenlernen. Gegen Ende der Stunden kann in Gruppen oder im Plenum diskutiert werden, um Erfahrungen zu teilen und sich gegenseitig Anstöße zu geben.

Eine Einzelbeschäftigung sollte in jedem Fall zu einer Einheit gehören, da die Wichtigkeit der eigenen Gedanken und Gefühle, die in der Arbeit mit Onomatopoetika entstehen, zentral sind. Dies kann in der Klasse oder als Hausaufgabe geschehen, wichtig ist, dass die Schüler die Zeit haben, sich auf die Wörter einzulassen.

Nicht nur die Schülerinteressen, auch der Bildungsplan unterstützt das Aufnehmen der Onomatopöie durch seine Inhalte. Hier die zentralen Aufgaben des Fachs Deutsch über alle Klassenstufen hinweg:

> Die Erweiterung und Vertiefung der sprachlichen Kompetenz der Schülerinnen und Schüler im mündlichen und schriftlichen Bereich ist eine der Hauptaufgaben des Deutschunterrichts. Er befähigt zu bewusstem und differenziertem Sprachgebrauch, zu selbstständigem,

> normgerechtem und kreativem Umgang mit Sprache. Die Schülerinnen und Schüler erfahren Bedeutung und Wirkung von Sprache. Sie lernen sach-, situations- und adressatengerecht sprachlich zu handeln. Sie verstehen Sprache als gestaltbares Medium der Kommunikation. [...] Sie lernen verschiedene Schreibformen und ihre unterschiedlichen Funktionen kennen und üben sich in deren Anwendung. Sie orientieren sich an den traditionellen Mustern und erproben auch freiere Schreibformen. Das kreative Schreiben fördert ganz besonders die sprachliche Sensibilität und das ästhetische Ausdrucksvermögen. [...] Im Zentrum der Sprachbetrachtung steht die Funktionalität der sprachlichen Phänomene: Der Weg führt deshalb von der Sprachverwendung in eigenen oder fremden Texten über die systematische Reflexion zurück zum Sprachhandeln. (Bildungsstandards Gymnasium 2004: 76ff.)

Als Medien/Materialien dienen diesem Unterricht Hammer, Bälle, Filme, Beamer... alles, was Geräusche erzeugen oder Onomatopoetika darstellen kann, die dann über Hören oder Sehen beschrieben werden können. Zur Arbeit für die Schüler dienen Plakate, Objekte, Computer... alles, was den Schülern hilft, sich auszudrücken.

4. Schlussgedanke

In dieser Arbeit wurde eine Lanze für die Onomatopöie als Inhalt des Deutschunterrichts gebrochen. Dabei wurde zuerst der Forschungsstand in aller Kürze zusammengefasst und das Buch „Vom Geheimnis der Sprache“ von Strehle etwas genauer mit einbezogen. Dieses Buch war Stein des Anstoßes für diese Arbeit und inhaltliche Basis für die didaktische Analyse. Diese zeigt auf, dass die Onomatopöie ein durchaus lohnenswerter Inhalt des Deutschunterrichts sein kann. Sie kann Schülern eine ganz neue Dimension unseres Sprachgebrauchs eröffnen und so Gefallen an Sprache wecken. Denn das Wichtigste ist immer noch, sich an Sprache zu erfreuen und Spaß mit ihr zu haben. In diesem Sinne wird man hoffentlich bald wieder etwas von ihr „hören“.

Literaturverzeichnis

Burdorf, D. (1997): *Einführung in die Gedichtanalyse.* Stuttgart.

Groß, M. (1988): *Zur linguistischen Problematisierung des Onomatopoetischen.* Hamburg.

Strehle, H. (1956): *Vom Geheimnis der Sprache. Sprachliche Ausdruckslehre – Sprachpsychologie.* München.

Wissemann, Heinz. (1954): *Untersuchungen zur Onomatopoiie. 1.Teil Die Sprachpsychologischen Versuche.* Heidelberg.

http://www.bildung-staerkt-menschen.de/service/downloads/Bildungsstandards/Gym/Gym_D_bs.pdf

Konjunktiv II
Antiquierte Sprachform oder lohnender Unterrichtsgegenstand?

(Christian Heinrich)

1. Einleitung

Meist wird der Konjunktiv II als antiquierte Form innerhalb der deutschen Sprache betrachtet. Sie wird nach allgemeiner Auffassung in alten Texten verwendet und von Personen, die sich in ihren persönlichen Äußerungen ausschließlich an diesen Texten orientieren. Doch inwieweit entspricht dies der Wahrheit? Von ungefähr kommt diese Meinung jedenfalls nicht, nur wenige Sprecher dieser Sprache können heute noch sämtliche Formen des Konjunktivs ohne große Anstrengungen korrekt anwenden. Selbst der Verfasser, der sich selbst in Sachen Konjunktiv für einen kompetenten Sprecher hält, war im Zuge der Recherchen für diese Arbeit gezwungen, bei einigen Fällen Grammatiken des Deutschen zurate zu ziehen (vgl. auch Rothstein 2010 für eine empirische Untersuchung). Doch existieren nicht auch Gründe, die dafür sprächen, sich mit diesem Modus näher zu beschäftigen? Und sind konjunktivische Formen wirklich so antiquiert? Ob der Konjunktiv II in heutiger Zeit noch im Schulunterricht gelehrt werden muss oder ob sich der Grammatikunterricht anderen Themen zuwenden sollte, ist die Hauptfrage dieser Arbeit.

2. Fachwissenschaftliche Analyse

Die Bildung des Konjunktivs II wird im Folgenden anhand der in der Dudengrammatik aufgeführten Beispiele sowie vergleichend anhand ähnlicher Grammatiken erläutert (Drosdowski 1984, Eisenberg 2005, Kunkel-Razum 2006). Der Konjunktiv II wird grundsätzlich am Präteritumstamm gebildet, ist aber von der Bedeutung her ein Konjunktiv des Präsens. Auf die Darstellung der Bildung des Konjunktivs in Vergangenheitsformen wird aus Gründen des Umfangs dieser Arbeit verzichtet. Bei regelmäßigen schwachen Verben sind Konjunktiv II- und Präteritum-Formen gleich. Bei unregelmäßigen schwachen Verben, also schwachen Verben mit Präsens-Präteritum-Alternanz wird der Vokal im Konjunktiv II nicht umgelautet, bei diesen Verben ist die Verwendung des Konjunktivs II jedoch höchst ungewöhnlich.

(1) *‚kaufen'*. Sowohl Präteritum, als auch Konjunktiv II: *ich kaufte / du kauftest / er/sie/es kaufte / wir kauften / ihr kauftet / sie kauften.*

(2) *‚brennen'*. Präteritum: *ich brannte / du branntest / er/sie/es brannte / wir brannten / ihr branntet / sie brannten*, aber Konjunktiv II: *ich brennte / du brenntest / er/sie/es brennte / wir brennten / ihr brenntet / sie brennten.*

Bei starken Verben mit *t*-Endung wird der Vokal der Präteritumform umgelautet, ansonsten sind Präteritum und Konjunktiv II erneut formgleich.

(3) *‚wissen'*. Präteritum: *ich wusste / du wusstest / er/sie/es wusste / wir wussten / ihr wusstet / sie wussten*, aber Konjunktiv II: *ich wüsste / du wüsstest / er/sie/es wüsste / wir wüssten / ihr wüsstet / sie wüssten.*

Starke Verben, die im Präteritum nicht über eine *t*-Endung verfügen, lauten den Vokal im Konjunktiv II ebenfalls um, bilden jedoch in den meisten Flexionsformen ein zusätzliches *-e*, wobei dieses in häufig gebrauchten Formen in der 2. Person Singular und Plural wegfallen kann.

(4) *‚geben'*. Präteritum: *ich gab / du gabst / er/sie/es gab / wir gaben / ihr gabt / sie gaben*, aber Konjunktiv II: *ich gäbe / du gäbest / er/sie/es gäbe / wir gäben / ihr gäbet / sie gäben.*

(5) *‚sein'*: *‚du wärest'* oder *‚du wärst'* und *‚ihr wäret'* oder *‚ihr wärt'*.

Ähnlich wird der Konjunktiv II bei starken Verben mit *-i* oder *-ie* im Präteritum gebildet. Jedoch findet in diesem Fall keine Umlautung statt, so dass einige Formen gleich sind.

(6) *‚laufen'*. Präteritum: *ich lief / du liefst / er/sie/es lief / wir liefen / ihr lieft / sie liefen*, aber Konjunktiv II: *ich liefe / du liefest / er/sie/es liefe / wir liefen / ihr liefet / sie liefen.*

(7) ‚gehen'. Präteritum: *ich ging / du gingst / er/sie/es ging / wir gingen / ihr gingt /sie gingen*, aber Konjunktiv II: *ich ginge / du gingest / er/sie/es ginge / wir gingen / ihr ginget / sie gingen.*

Einige starke Verben bilden Sonderformen, dies sind beispielsweise: ‚beginnen'(er/sie/es begönne), ‚sterben' (er/sie/es stürbe) ‚helfen' (er/sie/es hülfe), ‚schmelzen' (er/sie/es schmölze), ‚werfen' (er/sie/es würfe). In jedem dieser Fälle existiert jedoch parallel eine regelkonforme Verbform, die stattdessen verwendet werden kann, oftmals ist aber die Sonderform im Sprachgebrauch präsenter.

Die meisten deutschen Grammatiken unterscheiden sich in der Klassifizierung der verschiedenen Verwendungsmöglichkeiten des Konjunktivs II, im Folgenden wird das Muster der aktuellen Duden-Grammatik verwendet (vgl. Eisenberg 2005: 523-543).
Die Funktion des Konjunktivs II abseits der Verwendung als Ersatzform für den Konjunktiv I ist es, auszudrücken, dass das Gesagte nach Meinung des Sprechers in irgendeiner Weise irreal ist. Es gibt Verwendungen, bei denen das Gesagte in allen erdenklichen Kontexten irreal ist, es gibt allerdings auch Verwendungen, bei denen das Gesagte unter Umständen real sein kann. Walter Kasper formuliert dies sinngemäß wie folgt: Der Indikativ gehe davon aus, dass gewisse Voraussetzungen erfüllt sind, der Konjunktiv nicht (vgl. Kasper 1987: 103).
Am häufigsten tritt der irreale Konjunktiv II in Bedingungssätzen auf (vgl. Jäger 1971: 88ff.).

(8) Wenn du gut in Mathematik wärst, bräuchtest du keine Nachhilfestunden.

Häufig ist die Verwendung des Konjunktivs II auch eine Frage der Höflichkeit. So lässt beispielsweise die Frage *‚Könnten Sie mir weiterhelfen?'* dem Befragten die Möglichkeit, mit ‚nein' zu antworten, da der Sprecher zu verstehen gibt, dass es sich dabei nicht um eine Selbstverständlichkeit handelt.[1] Diese Form des Konjunktivs II findet sich in höflichen Wünschen, höflichen Floskeln[2], Vermutungen[3] und vorsichtigen Behauptungen[4].
Eine weitere Funktion des Konjunktivs II ist der Ersatz des Konjunktivs I in der Indirekten Rede. Im Normalfall wird in der Indirekten Rede der Konjunktiv I verwendet.

(9) Sie sagte, er komme rechtzeitig an.

---

1 Diese Konnotation ist zwar auch in der indikativischen Form (*‚Können Sie mir weiterhelfen?'*) vorhanden, jedoch weit weniger stark als in obigem Beispielsatz.
2 Z.B. *‚Ich würde sagen ...'*
3 Z.B. *‚Könnte es sein, dass du ziemlich zugenommen hast?'*
4 Z.B. *‚Ich als Ihr Anwalt riete ihnen zu einem Geständnis.'*

Formen des Konjunktivs I, die formgleich mit dem Indikativ sind, werden durch den Konjunktiv II ersetzt. Dies geschieht in der ersten Person Singular und der ersten und der dritten Person Plural (vgl. Eisenberg 2005: 529-543).[5]

(10) Sie sagte, wir kommen rechtzeitig an.

(11) Sie sagte, wir kämen rechtzeitig an.

Die Häufigkeit der Verwendung von Konjunktiv II-Formen unterscheidet sich in der Indirekten Rede in der gesprochenen Sprache je nach Person zum Teil sehr stark. In der ersten Person Singular, der dritten Person Plural und vor allem in der dritten Person Singular ist der Konjunktiv II recht häufig anzutreffen, bei anderen Personen dafür kaum bis so gut wie überhaupt nicht (vgl. Eggers 1972: 16).

Im Gegensatz dazu wird der Konjunktiv I in den übrigen Formen der Indirekten Rede, in erfüllbar gedachten Wünschen, bestimmten Aufforderungen, gewissen Ausrufen und einigen festen Wendungen gebraucht (vgl. Eisenberg 2005: 545f.), wobei abgesehen von der Indirekten Rede und feststehenden Ausdrücken die

---

[5] Manche Grammatiken des Deutschen führen mittlerweile den sogenannten Konjunktiv der Indirekten Rede als eigene Kategorie neben dem Konjunktiv I und dem Konjunktiv II an, welche dann als „Konjunktiv I der direkten Rede", beziehungsweise „Konjunktiv II der direkten Rede" bezeichnet werden. Es handelt sich hierbei jedoch nicht um eine formale, sondern um eine rein funktionale Kategorie, die Einteilung in Konjunktiv I und II hingegen folgt rein formalen Kategorien, gebildet wird der sogenannte Konjunktiv der Indirekten Rede schließlich aus den Formen des Konjunktivs I, beziehungsweise bei gleichlautenden Indikativ-Präsens-Formen aus den Formen des Konjunktivs II. Der Grund, warum der sogenannte Konjunktiv der Indirekten Rede meist gesondert behandelt wird, ist nicht nur, dass seine Verwendung bei weitem häufiger ist als die Verwendung beider Konjunktive in jeglichen anderen Funktionen zusammen und nur deshalb in literarischen Texten die Verwendung der Formen des Konjunktivs I weit häufiger als derjenigen des Konjunktivs II ist, sondern auch, dass die Funktion des sogenannten Konjunktivs der Indirekten Rede sich sehr stark von den übrigen Verwendungen des Konjunktiv unterscheidet, was sich vor allem in Bezug auf die Mittelbarkeit der Rede manifestiert. Über die Funktion des sogenannten Konjunktivs der Indirekten Rede schreibt Marlis Becher (S. 9): „Die Bedeutung des Konjunktivs in der indirekten Redewiedergabe ist nicht die Bezeichnung einer Stellungnahme, sondern eines Zitierzeichens." Daneben spielt eine Rolle, dass die Fähigkeit der korrekten Verwendung der Indirekten Rede für Personen, die sich auf schriftlicher Ebene in deutscher Sprache auf angemessenem Niveau äußern möchten, unerlässlich, die Verwendung anderer Funktionen des Konjunktivs jedoch nicht unbedingt in allen möglichen Kontexten vonnöten ist. Ein Hauptargument für diese Einteilung ist sicherlich, dass der sogenannte Konjunktiv der Indirekten Rede strikten Regeln unterworfen ist, welche über keine Ausnahmen verfügen und er aus diesem und weiteren Gründen leicht zu verstehen ist. Daher erleichtert das Erlernen der Formen beider Konjunktive anhand des sogenannten Konjunktivs der Indirekten Rede das Erlernen der übrigen Verwendungen beider Konjunktivformen. Auch in diesem Beitrag wird der sogenannte Konjunktiv der Indirekten Rede im Folgenden als Sonderphänomen betrachtet (vgl. Magnusson 1976; Becher 1989; Molaskaja 1971).

Verwendung des Konjunktivs I nicht obligatorisch ist und die Grenzen zu indikativischen Formen und Konjunktiv II verschwimmen (vgl. ebd. 543ff.).
Sämtliche Formen des Konjunktivs II und manche Formen des Konjunktivs I können im modernen Deutsch durch ‚würde plus Infinitiv' ersetzt werden, auch wenn manche Verben weniger[6] dazu neigen als andere. Im Allgemeinen gelten Konjunktiv II-Formen als stilistisch anspruchsvoller, die ‚würde'-Umschreibung hat jedoch den Vorteil, dass sie eindeutiger ist. Daher ist die ‚würde'-Umschreibung in ähnlich oder gleich klingenden Formen der Konjunktiv II-Form mit der Präteritum-Form auch in der Schriftsprache häufig vorzuziehen. In der gesprochenen Sprache hat sie sich in vielen Fällen weitgehend durchgesetzt (vgl. Drosdowski 1984: 170ff.). Ein kleiner Unterschied zum Normalgebrauch des Konjunktivs besteht darin, dass die ‚würde'-Umschreibung häufig eine Zukunftsbedeutung beinhaltet. Ältere Texte fordern noch eine ausschließliche Verwendung der ‚würde'-Umschreibung bei vorhandener Zukunftsbedeutung (vgl. Bausch 1979: 112). Mittlerweile ist auch der Gebrauch der ‚würde'-Umschreibung in der Indirekten Rede sehr gebräuchlich (vgl. Jäger 1971: 251f.).
Schon seit Jahren belegen Sprachuntersuchungen, dass der Konjunktiv II zwar weit seltener verwendet wird als noch zum Beispiel zu Beginn des zwanzigsten Jahrhunderts, aber keineswegs ausgestorben ist (vgl. Bausch 1979: 111ff. und Eisenberg 2005: 529-543). Vor allem in irrealen Bedingungen wird auch heute in der gesprochenen Sprache noch meist der Konjunktiv II verwendet, wobei viele starke Verben nicht davon bedroht sind, durch die ‚würde'-Umschreibung verdrängt zu werden. Ein Unterschied zwischen gesprochener und geschriebener Sprache ist in vielen Fällen jedoch bereits vorhanden, der Konjunktiv in Normalform wird in gesprochener Sprache heute in den meisten Fällen durch die ‚würde'-Umschreibung ersetzt, wobei festzuhalten ist, dass der Konjunktiv II häufiger verwendet wird als der Konjunktiv I und er mittlerweile auch häufig in der Indirekten Rede in Flexionsformen verwendet wird, bei denen es eigentlich auch eine eindeutige Konjunktiv I-Form gibt.

---

6 Z.B. ‚können'. Beispielsatz: *‚Würden Sie mir helfen können?'*

3. Bildungskategoriale Analyse

Um herauszufinden, ob es sich beim „Konjunktiv II“ um ein unterrichtsrelevantes Thema handelt, wird im Folgenden dieses Thema hinsichtlich der sogenannten Klafki-Kriterien untersucht. Der bis heute einflussreiche Didaktiktheoretiker Wolfgang Klafki nennt fünf Kriterien, welche bei jeder Unterrichtsvorbereitung berücksichtigt werden müssen: Die Gegenwartsbedeutung, die Zukunftsbedeutung, die Struktur des Inhalts, die exemplarische Bedeutung und die Zugänglichkeit (vgl. Meyer 2002: 68).

Die Frage, die sich jeder Lehrer in Bezug auf die Gegenwartsbedeutung stellen soll, lautet: „Welche Bedeutung hat der betreffende Inhalt bereits im geistigen Leben der Kinder meiner Klasse, welche sollte er – vom pädagogischen Gesichtspunkt aus gesehen – darin haben?“ (ebd.) Es ist wahrscheinlich, dass die Lehrperson zumindest in der Unterstufe kaum an Vorkenntnisse der Schüler anknüpfen kann, doch auch die Vermittlung von Grundkenntnissen in diesem Themenbereich kann begründet werden. Einerseits kann die Vermittlung des Konjunktivs II den Kindern die Möglichkeit geben, über die eigene Sprache zu reflektieren. Der Konjunktiv II eignet sich hierbei besonders gut, da es wahrscheinlich ist, dass auch Schüler mit Deutsch als Muttersprache vor der Behandlung im Unterricht Schwierigkeiten mit dessen korrekter Anwendung haben werden. Andererseits gibt die Kenntnis des Konjunktivs II den Schülern die Möglichkeit, selbst stilistisch anspruchsvollere Texte zu formulieren.

Beim Kriterium der Zukunftsbedeutung stellt Klafki folgende Frage: „Worin liegt die Bedeutung des Themas für die Zukunft meiner Kinder?“ (ebd.) Diese ist für den Konjunktiv II schwer zu beantworten. Momentan wird dieser wie oben dargelegt noch verwendet, jedoch geht die Tendenz eindeutig in Richtung eines langsamen Aussterbens. Es ist aber von wissenschaftlicher Seite unmöglich vorherzusagen, wie sich der Konjunktiv II weiterentwickelt, also ob sich der Trend fortsetzt oder ob konjunktivische Formen in Zukunft eine Renaissance erleben. Es kann also nicht ausgeschlossen werden, dass der Konjunktiv II im Leben der Schüler eine entscheidende Rolle einnehmen wird, insofern spricht dieses Kriterium zumindest nicht gegen eine Verwendung des Konjunktivs II als Unterrichtsgegenstand.

Die Struktur des Inhalts muss sich nach folgender Frage richten: „Welches ist die Struktur des (durch die Fragen 1 und 2 in die spezifische Sicht gerückten) Inhaltes?“ (ebd.) Diese Frage wurde auf fachwissenschaftlicher Ebene in Kapitel 2 und wird auf didaktischer Ebene in Kapitel 4 behandelt.

Das Kriterium der exemplarischen Bedeutung formuliert Klafki in folgender Frage: „Welchen allgemeinen Sachverhalt, welches allgemeine Problem erschließt der entsprechende Inhalt?“ (ebd.) Der Konjunktiv kann dazu genutzt werden, Problemfälle der deutschen Sprache zu explizieren. Ein Großteil der deutschen Muttersprachler wird bei der Verwendung des Konjunktivs II gelegentlich Fehler machen. Der Unterricht gibt den Schülern die Möglichkeit, über die Richtigkeit der eigenen Äußerungen zu reflektieren und dadurch einen allgemeinen Zugang zu Problemfeldern der deutschen Sprache zu erhalten. Die häufig geäußerte These, die korrekte Beherrschung des Konjunktivs erleichtere das Erlernen von Fremdsprachen, ist wissenschaftlich nicht bewiesen und kann daher nicht als Argument angeführt werden.

Die Frage zum Kriterium der Zugänglichkeit ist folgende: „Welches sind die besonderen Fälle, Phänomene, Situationen, Versuche, in oder an denen die Struktur des jeweiligen Inhaltes den Kindern dieser Bildungsstufe, dieser Klasse interessant, fragwürdig, zugänglich, begreiflich, „anschaulich“ werden kann?“ (ebd.) Die Beantwortung dieser Frage ist letztendlich die Grundfrage dieser Arbeit. Es wird daher auf das vorherige und die beiden folgenden Kapitel verwiesen. Es ist in diesem Kapitel erläutert worden, dass aus didaktischer Sicht nichts gegen eine Verwendung des Konjunktivs II als Unterrichtsgegenstand spricht.

4. Mögliche unterrichtliche Umsetzung

Der Baden-Württembergische Bildungsplan, um ein Beispiel zu geben, sieht in Bezug auf den Konjunktiv in den Klassen sieben bis acht Folgendes vor: „Die Schülerinnen und Schüler können [...] die Rede eines Dritten in der indirekten Rede wiedergeben [und] den Konjunktiv der indirekten Rede als Mittel der Distanzierung beschreiben und benutzen.“ (Bildungsplan 2004: 84) „Die Schülerinnen und Schüler können [...] in der geschriebenen Sprache bei der indirekten Rede vorrangig den Konjunktiv I verwenden. Sie vermeiden eine starke Häufung von würde-Formen.“ (ebd.) Verpflichtend ist in diesem Bundesland, das in diesem Fall exemplarisch für die meisten Bundesländer stehen kann, also nur das Unterrichten des Konjunktivs im Kontext der Indirekten Rede, die Unterrichtung in weiteren Konjunktivformen läge im Ermessen der Lehrperson.

Es ist jedoch, um den Konjunktiv der Indirekten Rede im Unterricht zu erklären, nötig, dass die Schüler Konjunktivformen überhaupt bilden und zumindest rudimentär Unterschiede zum Indikativ benennen können. Zur besseren Verständlichkeit wird empfohlen, den Schülern gegenüber nicht von zwei, sondern von drei Konjunktiven zu sprechen: Dem Konjunktiv I, dem Konjunktiv II und dem sogenannten Konjunktiv der Indirekten Rede, es muss jedoch auch darauf hingewiesen werden, dass es sich dabei um eine funktionale, nicht um eine formale Gliederung handelt und sich die Funktion des sogenannten Konjunktivs der Indirekten Rede eklatant von den anderen Verwendungsmöglichkeiten der beiden Konjunktive unterscheidet und es sich lediglich um eine Art der Zitation handelt. Es wird empfohlen, den Schülern in ein bis zwei Einführungsstunden die Bildung der Konjunktivformen im Deutschen zu erläutern, um daraufhin eine längere Unterrichtseinheit zur Indirekten Rede zu planen.

Selbst der oben zitierte Bildungsplan hat mittlerweile das Ziel, dass Kinder ausschließlich stilistisch hochwertige Konjunktivformen verwenden sollten, verworfen. Es muss den Kindern erklärt werden, dass die Normalformen des Konjunktivs II stilistisch besser sind als die ‚würde'-Umschreibungen. Dennoch sollte die ‚würde'-Umschreibung zugelassen werden, denn eins steht fest: Es ist besser, wenn die Schüler die Umschreibung mit ‚würde" korrekt anwenden können, als wenn sie bei dem Versuch, den stilistisch besseren Konjunktiv II zu verwenden, ständig Fehler machen. Und die meisten Schüler werden, wenn man sich nicht ein ganzes Schuljahr mit diesem Thema beschäftigen möchte, hierbei unzählige Fehler machen. Vielleicht könnte die korrekte Verwendung des Konjunktivs II in der Indirekten Rede in Klassenarbeiten mit Pluspunkten honoriert werden. Am Beispiel der Indirekten Rede kann den Schülern die Differenz zwischen gesprochener Sprache und schriftlicher Sprache sehr gut erklärt werden, da in stilistisch gehobenen Texten der Konjunktiv verwendet wird, in gesprochener Sprache jedoch fast ausschließlich der Indikativ. Diese Unterrichtseinheit könnte auch in eine höhere Klassenstufe verschoben werden. In Baden-Württemberg lautet die diesbezügliche Formulierung im Bildungsplan für die Klassen neun und zehn folgendermaßen: „Die Schülerinnen und Schüler können die wesentlichen Merkmale gesprochener und geschriebener Sprache benennen und erklären." (ebd.: 87)

Eine längere Unterrichtseinheit zum Konjunktiv II wäre in der Unterstufe durchaus möglich. Sinnvoller wäre es meiner Meinung nach aber, nach der Indirekten Rede in Klasse sieben oder acht eine erneute und intensivere Behandlung des Konjunktivs II beispielsweise in Klasse zehn oder der Oberstufe, da die Schüler in dieser Stufe bereits gelernt haben sollten, über die eigene Sprache zu reflektieren, und ihnen mithilfe des Konjunktivs II die Möglichkeit gegeben werden könnte, stilistisch komplizierte Texte selbst zu formulieren.[7] Der Konjunktiv II ist keineswegs ausgestorben. Es ist möglich, eine Unterrichtsstunde über den Konjunktiv II zu halten, die durchaus auch für Schüler interessant sein kann.

5. Zusammenfassung und Ausblick

Der Konjunktiv II ist eine seltener verwendete Form der deutschen Sprache, aber er ist alles andere als ausgestorben. Man wird nicht umhin kommen, zumindest die semantische Kategorie des Konjunktivs der Indirekten Rede im Unterricht zu behandeln und dazu die Bildung beider Konjunktive zu erläutern. Alle weiteren Verwendungen des Konjunktivs sind seltenere Formen, deren Behandlung im Unterricht in den meisten Bundesländern daher nicht zwingend ist.

Das Ergebnis dieser Studie ist, dass der Konjunktiv II auch abseits jeglicher Sprachnostalgie ein sehr lohnender Unterrichtsgegenstand sein kann. Glücklicherweise hält die deutsche Sprache viele solche interessante Phänomene bereit, sodass es nicht zuletzt der Entscheidung einer jeden Lehrerin beziehungsweise eines jeden Lehrers überlassen bleiben soll, wie viele Schulstunden er oder sie dem Konjunktiv zur Verfügung stellte. Sinnvoll erscheint eine Vermittlung von Grundkenntnissen in der Unterstufe und ein Rückgriff darauf in einer gehobenen Klassenstufe. Dort dürfte aufgrund der ungleich größeren Fähigkeiten der Schüler eine Beschäftigung mit dem Konjunktiv II auch weit weniger Zeit in Anspruch nehmen, der Unterrichtsgegenstand der Bedingungssätze beispielsweise wäre hierfür prädestiniert.

---

7 In den meisten aktuellen Schulbüchern zur siebten Klasse wird zuerst die Bildung beider Konjunktivformen des Verbs behandelt und anschließend auf die Indirekte Rede eingegangen. In einigen Schulbüchern zur Klasse 8 findet eine Wiederholung dieses Themenkomplexes statt. Die Qualität dieser Unterrichtshilfsmittel ist dabei meist zufriedenstellend bis gut. Die meines Erachtens wünschenswerte Vertiefung in den höheren Klassenstufen wird jedoch praktisch von keinem der auf dem Markt befindlichen Bücher zufriedenstellend ermöglicht, weshalb in diesem Fall auf andere Hilfsmittel zurückgegriffen werden müsste, vgl. *Verstehen und Gestalten* A 7; *Klartext* 7 und *Klartext* 8.

Literaturverzeichnis

Bausch, K.-H. (1979): *Modalität und Konjunktivgebrauch in der gesprochenen deutschen Standardsprache. Sprachsystem, Sprachvariation und Sprachwandel im heutigen Deutsch. Teil I. Forschungslage, theoretische und empirische Grundlagen, morphologische Analyse*. München.

Becher, M. (1989): *Der Konjunktiv der indirekten Redewiedergabe. Eine linguistische Analyse der „Skizze eines Verunglückten" von Uwe Johnson*. München.

Bildungsplan (2004): *Allgemeinbildendes Gymnasium*. Baden-Württemberg.

Bußmann, H. (2002): *Lexikon der Sprachwissenschaft*. Stuttgart.

Drosdowski, G. (Hg.) (1984): *Duden. Grammatik der deutschen Gegenwartssprache*. Mannheim.

Eggers, H. u.a. (Hg.) (1972): *Empfehlungen zum Gebrauch des Konjunktivs in der geschriebenen deutschen Hochsprache. Beschlossen von der wissenschaftlich begründeten Sprachpflege des Instituts für deutsche Sprache*. München.

Klartext 7. Sprachbuch für Gymnasien. Braunschweig. 2000.

Klartext 8. Sprachbuch für Gymnasien. Braunschweig. 2002.

Jäger, S.(1971): *Der Konjunktiv in der deutschen Sprache der Gegenwart*. München.

Kasper, W. (1987): *Semantik des Konjunktivs II in Deklarativsätzen des Deutschen*. Tübingen.

Eisenberg, P. u.a. (2005): *Duden. Grammatik der deutschen Gegenwartssprache*. Mannheim.

Kunkel-Razum, K. u.a. (Hg.) (2006): *Schülerduden. Grammatik. Die Schulgrammatik zum Lernen, Nachschlagen und Üben*. Mannheim.

Magnusson, K. (1976): *Die Gliederung des Konjunktivs in Grammatiken der deutschen Sprache*. Uppsala.

Meyer, H. (2002): Die Bildungstheoretische Didaktik. In: Meyer, H. u.a.: *Einführung in die Schulpädagogik*. Berlin, 64-75.

Molaskaja, O. I. (Hg.) (1971): *Grammatik der deutschen Gegenwartssprache*. Moskau.

Rothstein, B. (2010): *Sprachintegrativer Grammatikunterricht Zum Zusammenspiel von Sprachwissenschaft und Sprachdidaktik im Mutter- und Fremdsprachenunterricht*. Tübingen.

Verstehen und Gestalten A 7. Arbeitsbuch für Gymnasien. Ausgabe A. Band 7 (7. Jahrgangsstufe). München.

Grundlagenelemente der konversationsanalytischen Pragmatik nach Grice im gymnasialen Deutschunterricht der 10. oder 11. Klasse

(Sandra Boss, Susanna Hübschmann, Sarah Insinger)

1. Einleitung

In der Regel werden in der Schule vorrangig jene Themen der Grammatik behandelt, welche sich mit dem Sprachsystem befassen, wie etwa der Konjunktiv (vgl. den Beitrag von Heinrich in diesem Band und Rothstein 2010). Trotz unzähliger Aufrufe in den vergangenen Jahren, auch andere linguistische Felder in den Deutschunterricht zu integrieren, hat sich dessen Kanon in der Realität kaum merklich verändert. So ist es auch nicht verwunderlich, dass die moderne Sprachwissenschaft und der gymnasiale Deutschunterricht häufig getrennte Wege gehen, obwohl es viele interessante Themen der Sprachwissenschaft gibt, die sich für den gymnasialen Deutschunterricht fruchtbar machen lassen.

Wie der Titel ‚*Grundlagenelemente der konversationsanalytischen Pragmatik nach Grice im gymnasialen Deutschunterricht der 10. oder 11. Klasse*' zeigt, entstand diese Arbeit aus dem Wunsch heraus, die Attraktivität eines pragmatischen Themas für den gymnasialen Deutschunterricht aufzuzeigen. Unsere Ausführungen werden sich auf jene drei Themenkomplexe von Grice beziehen, welche sich der Untersuchung menschlicher Kommunikation mittels Sprache und der Interpretation von Äußerungen widmen: Kooperationsprinzip, Konversationsmaximen und konversationelle Implikaturen.

Das folgende Kapitel liefert zunächst einen Überblick über den Kontext, in welchem die Grice'sche Theorie vom Kooperationsprinzip, den Konversationsmaximen und den Implikaturen zu verorten ist. In einer fachwissenschaftlichen Analyse soll die Theorie anschließend im Hinblick auf die sie konstituierenden Elemente näher beleuchtet und verständlich gemacht werden. Das dritte Kapitel richtet sich unter Einbezug des aktuellen gymnasialen Bildungsplans nach Klafkis Diktum, jeder methodischen Unterrichtsvorbereitung müsse zunächst eine Beantwortung seiner fünf prinzipiell an jeden Unterrichtsgegenstand zu stellenden didaktischen Grundfragen vorausgehen. Es wird aufgezeigt, welche vom Bildungsplan explizit geforderten Kompetenzen durch eine Beschäftigung mit der Grice'schen Theorie erworben bzw. vertieft werden können. Abschließend verfolgt das letzte Kapitel dieser Arbeit das

Ziel der Herstellung eines schulischen Praxisbezugs – auf welche Art und Weise könnte der in Kapitel 3 dargelegte Bildungsgehalt im gymnasialen Schulunterricht entfaltet bzw. umgesetzt werden?

2. Fachwissenschaftliche Analyse

Im Gegensatz zu den klassischen Teilgebieten der Linguistik Phonetik/Phonologie, Syntax, Morphologie und Semantik stellt die Pragmatik eine relativ neue linguistische Disziplin dar. Die wichtigsten Anstöße zu ihrer Entwicklung erhielt sie aus verschiedenen Fachbereichen. Als entscheidend können die Einflüsse der Philosophie, der Psychologie und der Soziologie erachtet werden, die in ihren Betrachtungen zwar jeweils verschiedene Akzente setzen, aber allesamt von der Tatsache ausgehen, dass Menschen in bestimmten Situationen bestimmte Sätze mit bestimmten Absichten oder Wünschen aus bestimmten Überzeugungen heraus äußern, um bei der Person, an die sich der Satz richtet, eine bestimmte Wirkung zu erzielen. Die Pragmatik untersucht also den menschlichen Sprachgebrauch in spezifischen Kontexten. Diese Definition ist weder erschöpfend noch berücksichtigt sie alle Forschungsansätze, eine Reduktion auf die wesentlichen und in den Lehrbüchern am häufigsten genannten Merkmale bietet sich allerdings aufgrund der sehr vielfältigen, weit oder eng gefassten und nicht selten widersprüchlichen Definitionen an. Außerdem ermöglicht diese Begriffsbestimmung eine erste Annäherung an die drei Themenkomplexe, die hier behandelt werden sollen: Kooperationsprinzip, Konversationsmaximen, konversationelle Implikaturen.

Der Schwerpunkt dieser fachwissenschaftlichen Analyse liegt somit auf dem Teil der Pragmatik, der sich der Untersuchung menschlicher Kommunikation mittels Sprache und der Interpretation von Äußerungen widmet.

Der englische Sprachphilosoph Paul Grice (*1913 - †1988) führte in seiner 1967 an der Harvard-Universität gehaltenen Vorlesung *Logic and Conversation* eine Untersuchung der menschlichen Konversation durch. Er kam zu der Erkenntnis, dass der Mensch sich in Kommunikationssituationen grundsätzlich kooperativ und rational verhält, so dass, basierend auf dieser Annahme, bestimmte Schlüsse gezogen werden können, die über das explizit Gesagte hinaus gehen.

Ein Gespräch kann nach Grice als kooperatives Handeln angesehen werden, an dem zwei oder mehr Personen teilhaben. Die Personen, die eine Konversation führen, verfolgen ein gemeinsames Ziel: einen erfolgreichen, unmissverständlichen und alle

Beteiligten zufrieden stellenden Informationsaustausch. Kooperativ verhält sich also derjenige, der seine Gesprächsbeiträge auf dieses Ziel hin ausrichtet und dementsprechend formuliert, unkooperatives Handeln missachtet das anvisierte Ziel. Paul Grice (1989, Übersetzung nach Meibauer 2001) brachte sein Kooperationsprinzip auf folgende Formel:

> Make your conversational contribution such as is required, at the stage at which it occurs, by the accepted purpose or direction of the talk exchange in which you are engaged. [Gestalte deinen Gesprächsbeitrag genau so, wie es der Punkt des Gesprächs, an dem er erfolgt, erfordert, wobei das, was erforderlich ist, bestimmt ist durch den Zweck oder die Richtung des Gesprächs, an dem du teilnimmst.]

Aus diesem Kooperationsprinzip entwickelte Grice vier Konversationsmaximen, welche die Grundlagenelemente einer erfolgreichen Konversation darstellen:

A) Maxime der **Qualität**

> Versuche einen wahren Gesprächsbeitrag zu machen.
> 1) Sage nichts, was du für falsch hältst.
> 2) Sage nichts, was du nicht beweisen kannst.

Die erste Untermaxime wird beispielsweise verletzt, wenn ein Lehrer auf die Fragen eines Schülers nach dem Geburtsjahr Konrad Adenauers als Antwort 1776 nennt, obwohl er weiß, dass die richtige Antwort 1876 lauten müsste. Die zweite Submaxime wird verletzt, wenn der Lehrer die genaue Antwort nicht weiß und dennoch eine Jahreszahl nennt (ohne zu erwähnen, dass er sich nicht sicher ist).
Es ist festzuhalten, dass ein Verstoß gegen die Maxime der Qualität nicht stattgefunden hat, wenn man glaubt die richtige Antwort zu kennen, später jedoch feststellen muss, dass man sich geirrt hat.

B) Maxime der **Quantität**

> 1) Mache deinen Beitrag so informativ wie möglich.
> 2) Mache deinen Beitrag nicht informativer als nötig.

Wenn ein Schüler seinen Lehrer nach dem Geburtsjahr Konrad Adenauers fragt und dieser ihm antwortet „Schau auf Wikipedia nach", so hat er nicht die geforderte

Information geliefert und gegen die erste Submaxime der Quantität verstoßen. Um kooperativ zu handeln, hätte der Lehrer entweder zugeben müssen, dass er das Geburtsjahr nicht kennt und der Schüler daher ein Nachschlagewerk konsultieren sollte, oder er hätte einfach die korrekte Antwort geben sollen. Wenn nun der Lehrer umgekehrt nicht nur das Geburtsjahr nennt, sondern zusätzliche Angaben zum Krankenhaus macht, in dem Frau Adenauer entbunden hat, und die Innendekoration, die farbliche Gestaltung und die Dienstkleidung der Krankenschwestern der Säuglingsstation beschreibt, verstößt er gegen die zweite Submaxime der Quantität, da er Informationen liefert, die nicht erbeten wurden.

C) Maxime der **Relation**

Sei relevant.

Ein Verstoß gegen diese Maxime läge vor, wenn der Lehrer auf die Frage nach dem Geburtsjahr Konrad Adenauers mit einer Darstellung der Ereignisse antworten würde, die 1962 zur Kuba-Krise führten. Diese Vorkommnisse hätten in Bezug auf die Frage des Schülers keine Relevanz.

D) Maxime der **Modalität**

Drücke dich deutlich aus.

1) Vermeide Unklarheiten im Ausdruck.
2) Vermeide Mehrdeutigkeiten.
3) Fasse dich kurz.
4) Verwende die richtige Reihenfolge.

Bei den genannten Konversationsmaximen nach Grice handelt es sich nicht um Leitregeln für richtiges Handeln in einer Kommunikationssituation. Der Begriff „Maxime“ könnte aufgrund seiner normativen Konnotation, die er als Begriff der Philosophie oder Ethik in bestimmten Kontexten erhält, dazu verleiten, zu glauben, dass man sich aus moralischen Gründen an die Konversationsmaximen halten sollte – dem ist nicht so. Die Grice'schen Maximen stellen vielmehr Regeln eines rationalen und kooperativen Handelns dar und modellieren bestimmte Grundannahmen, von denen die Teilnehmer eines Gespräches ausgehen, um erfolgreich und zielorientiert kommunizieren zu können.

Die Aufforderung der Maxime der Qualität, nichts zu sagen, was man für falsch hält, ist kein moralischer Appell, sondern soll lediglich die Grundvoraussetzung dafür schaffen, dass ein Gespräch, in dem die Teilnehmer normalerweise davon ausgehen, dass die anderen die Wahrheit sagen, funktionieren kann.
Das Kooperationsprinzip und die Konversationsmaximen stellen also das Handwerkszeug einer erfolgreichen Gesprächsgestaltung dar. Schauen wir uns folgendes Beispiel an:

(1) A: Kannst du mir bitte sagen, wie spät es ist?
B: Also „Tatort" hat gerade angefangen.

Richtet man sein Augenmerk zunächst allein auf die wörtliche Bedeutung der Aussage von B, so beschränkt sich ihr Inhalt auf die Information, dass „Tatort" soeben angefangen hat. Die Untersuchung dieser rein wörtlichen Bedeutung, die sich nach den Kriterien der Wahrheit oder Falschheit bemessen lässt, gehört zum Aufgabenfeld der Semantik.
Berücksichtigt man jedoch die spezifische Situation, in der diese Aussage getroffen wird, kann mit dieser darüber hinaus noch mehr mitgeteilt werden. Die zusätzliche Bedeutung liegt nicht im explizit Gesagten, sondern muss aus dem Kontext erschlossen werden und führt damit in die Pragmatik. Grice nennt diese zusätzliche, kontextabhängige Bedeutung **konversationelle Implikatur** der Aussage von B. Konversationelle Implikaturen werden durch einen Schlussprozess ermittelt, der innerhalb kürzester Zeit abläuft. In diesem Fall könnte ein solcher Schlussprozess etwa folgendermaßen aussehen:
1. Schritt: B hat mit seiner Aussage offensichtlich gegen die Maxime der Relation verstoßen, da auf den ersten Blick kein erkennbarer Zusammenhang zwischen As Frage und Bs Antwort besteht. Außerdem hat B zusätzlich die Maxime der Quantität verletzt, weil er statt der erbetenen, konkreten Zeitangabe redundante Informationen geliefert hat. Allerdings besteht bisher kein Grund zu der Annahme, dass B sich absichtlich unkooperativ verhält und die Konversationsmaximen wissentlich verletzen wollte.
2. Schritt: A weiß, dass „Tatort" sonntags um viertel nach acht beginnt. B weiß, dass A ein „Tatort"-Fan ist und folglich die Sendezeit ganz genau kennt. A weiß außerdem, dass B von seiner „Tatort"-Begeisterung weiß. Nur unter diesen Umständen kann A die Aussage von B als relevant ansehen und folglich davon

ausgehen, dass B das Kooperationsprinzip einhält und darauf abzielt eine Antwort auf die Frage zu geben. A kann also aus Bs Antwort schließen, dass es viertel nach acht am Abend ist.

3. Schritt: B weiß, dass A in der Lage ist die Implikatur zu erkennen und hat A nicht daran gehindert es zu tun. A kann also davon ausgehen, dass B implikatieren wollte, dass es viertel nach acht ist.

In diesem Beispiel kam die konversationelle Implikatur durch einen Verstoß gegen die Maximen der Relation und der Quantität zu Stande. Eine andere mögliche Entstehungsursache wäre die Befolgung einer Maxime:

(2) A: Herr Krause besitzt eine sehr wertvolle Münzsammlung.

Man kann davon ausgehen, dass A die Maxime der Qualität erfüllt. Somit ist es möglich die Implikatur anzustellen, dass A seine Aussage für wahr hält und über entsprechende Beweise verfügt.

Um abzuwägen, ob tatsächlich eine konversationelle Implikatur vorliegt, kann man das Vorhandensein dreier typischer Eigenschaften prüfen. Eines dieser Merkmale ist der bereits erwähnte Schlussprozess, mit dessen Hilfe Implikaturen ermittelt werden können. Diese Eigenschaft wird Rekonstruierbarkeit genannt. Eine weitere Eigenschaft ist die Kontextabhängigkeit. Es existieren Kontexte, in denen bei gleicher Äußerung nicht die gleiche Implikatur entsteht, eine bestimmte Implikatur ist also an einen bestimmten Kontext gebunden. Ein Beispiel: A und B sind beste Freunde. Dennoch verführt B As Freundin. Als A von dem Betrug erfährt, sagt er über B „Er ist wirklich ein richtig guter Freund". Es liegt nahe, dass A das Gegenteil von dem implikatiert, was er sagt. In einem anderen Kontext, beispielsweise anlässlich der Hochzeit von A, die B mit viel Liebe zum Detail organisiert hat, würde der gleiche Satz As Dankbarkeit gegenüber B zum Ausdruck bringen.

Das dritte Charakteristikum konversationeller Implikaturen ist ihre Streichbarkeit. Im Anschluss an eine Äußerung kann im selben Kontext eine weitere Äußerung erfolgen, die die Implikatur der ersten löscht, ohne dass dies widersprüchlich wirkt: „Einige Schüler waren anwesend, wenn nicht sogar alle". Der erste Teil des Satzes legt nahe, dass nicht alle Schüler anwesend waren, der zweite Teil hebt diese Implikatur auf.

Neben den konversationellen Implikaturen beschreibt Grice außerdem so genannte **konventionelle Implikaturen**. Eine solche läge nach Grice in folgendem Beispiel vor:

(3) A: Jean-Pierre ist Franzose – folglich isst er gerne guten Käse und schätzt kräftigen Rotwein.

Mit dieser Aussage unterstreicht A seine Ansicht, dass Jean-Pierres Vorliebe für Käse und Wein eine Folge seiner französischen Herkunft ist. Diese Konsequenz wird durch die konventionelle Bedeutung des Wortes *folglich* zum Ausdruck gebracht. Zu beachten ist, dass bei der Entstehung einer konventionellen Implikatur weder das Kooperationsprinzip noch die Konversationsmaximen eine Rolle spielen.
Die Bedeutung von Grice's Erkenntnissen über die menschliche Kommunikation mittels Sprache muss vor allem darin gesehen werden, dass er durch die Einbeziehung des Kontextes bei der Genese bestimmter Bedeutungen von menschlichen Aussagen, einen Vorschlag zur Unterscheidung von semantischen und pragmatischen Bedeutungsaspekten geliefert hat. Außerdem sind ein Großteil des Metaapparates, viele Begriffe und Definitionen auf ihn und seine Untersuchungen zurückzuführen. Er kann somit als Diskursbegründer erachtet werden, der weitere Forschungsfelder eröffnet und Möglichkeiten zu vertieften Untersuchungen geliefert hat.

3. Bildungskategoriale Analyse

Die folgende didaktische Analyse orientiert sich an den fünf Grundfragen der didaktischen Analyse nach Klafki (vgl. Klafki 1963: 135ff.). Es versteht sich von selbst, dass die Beantwortung jener Fragen in der Regel einer vorausgehenden umfassenden Bedingungsanalyse zur ganz konkreten Situation einer bestimmten Klasse bedarf. Da uns im Rahmen dieser Arbeit kein derartiges Wissen zur Verfügung steht, muss diese folglich unberücksichtigt bleiben. Aufgearbeitet werden soll das Thema für eine hypothetisch gedachte 10. oder 11. Klasse des Gymnasiums. Die folgenden Ausführungen sollen den Bildungsgehalt der Grice'schen Theorie vom Kooperationsprinzip, den Konversationsmaximen und den Implikaturen aufzeigen und verständlich machen, weshalb dieses Thema unbedingt zur Allgemeinbildung eines jeden Menschen gehören sollte.

3.1. Exemplarische Bedeutung

> Welchen größeren bzw. welchen allgemeinen Sinn- oder Sachzusammenhang vertritt und erschließt dieser Inhalt? Welches Urphänomen oder Grundprinzip, welches Gesetz, Kriterium, Problem, welche Methode, Technik oder Haltung lässt sich in der Auseinandersetzung mit ihm „exemplarisch" erfassen? (Klafki 1963: 135)

Am Thema der ‚Grice'schen Theorie vom Kooperationsprinzip, den Konversationsmaximen und den Implikaturen' können die Schülerinnen und Schüler exemplarisch erfahren, wie sich der Mensch in Kommunikationssituationen verhält. In der Auseinandersetzung mit diesem Thema können die Lernenden erfassen, welchen Regeln der Mensch in Kommunikationssituationen folgt bzw. weshalb er diese hin und wieder missachtet. Es wird ihnen das Urphänomen ‚menschliche Kommunikation' bewusst. Die Schülerinnen und Schüler lernen, wie aus dem Geäußerten das Gemeinte erschlossen werden kann (da bei der Entstehung einer konventionellen Implikatur weder das Kooperationsprinzip noch die Konversationsmaximen eine Rolle spielen, bleiben diese im Rahmen der geplanten Unterrichtseinheit unberücksichtigt) und erfahren somit, wie z.B. Ironie, Sarkasmus und Tautologien zustande kommen. Da das Kooperationsprinzip und die Konversationsmaximen das ‚Handwerkszeug' einer erfolgreichen Gesprächsgestaltung darstellen, liegt der Bildungsgehalt des Unterrichtsgegenstandes außerdem darin, dass er den Schülerinnen und Schülern zu einem verbesserten Sprachbewusstsein und mittels der Gewährleistung eines fundierten Einblicks in das menschliche Sprachverhalten in übertragenem Sinne zu einer Verbesserung ihrer mündlichen kommunikativen Kompetenz verhelfen kann. Darüber hinaus kann der geplante Unterrichtsgegenstand unter dem Gesichtspunkt der Sprachverwendung in Handlungszusammenhängen einen wichtigen Aspekt der Sozialkompetenz fördern – die Kritikkompetenz. Die neu gewonnenen Einsichten in die Bedeutung einer erfolgreichen Kommunikationssituation bilden das Gerüst für eine genaue und präzise Beurteilung jeglicher kommunikativer Beiträge. Die Gesprächsmaximen verweisen dabei auf die vier wichtigsten Punkte, welche anvisiert und beobachtet werden müssen; sie verhelfen den Schülerinnen und Schülern zu einem reflektierten kritischen Urteilsvermögen in Hinblick auf die Konversationsanalyse. Die neu gewonnene Terminologie vermittelt die Fähigkeit zu reflektierter Kritik und professionellem Feedback. Die Kritikkompetenz spielt speziell in Hinblick auf

sprachliche Äußerungen sowohl im schulischen als auch im außerschulischen Leben der Schülerinnen und Schüler eine bedeutende Rolle. Der geplante Unterrichtsgegenstand birgt hiermit einen wichtigen Bildungswert in sich, der unbedingt zur Allgemeinbildung der Lernenden gehören sollte – der Unterrichtsgegenstand leistet einen fundamentalen Beitrag dazu, dass die Schülerinnen und Schüler kritische Mitglieder unserer Gesellschaft werden können.
Nach Köller rechtfertigt sich

> [der] Erwerb bzw. die Vermittlung grammatischer *Wissensinhalte* [...] didaktisch immer dann, wenn ihnen in einem doppelten Sinne eine *Schlüsselfunktion* zukommt. Einerseits muß das explizite grammatische Wissen das intuitive grammatische Wissen so adäquat wie möglich repräsentieren und als Arbeitswissen pragmatisch gut verwendbar sein. Andererseits muß das grammatische Wissen dazu befähigen, sich neue Wissensinhalte zu erschließen und das alte Wissen besser zu verstehen, bzw. dazu beitragen, geistige Kräfte zu entfalten, die auch für ganz andere Zielsetzungen genutzt werden können. (Köller 1988: 411, Hervorhebung im Original)

Der Vermittlung der Grice'schen Theorie kommt auch in diesem doppelten Sinne eine Schlüsselfunktion zu. Der Erwerb dieses spezifischen grammatischen Wissens ist einerseits wie oben erläutert als Arbeitswissen pragmatisch gut verwendbar. Andererseits befähigt es die Schülerinnen und Schüler dazu, sich selbstständig neue Wissenshalte zu erschließen und das alte Wissen besser zu verstehen: Mittels einer induktiven Herangehensweise an die Auseinandersetzung mit dem Unterrichtsgegenstand können die Schülerinnen und Schüler exemplarisch erfassen, wie grammatische Kategorien zustande kommen und welches ihre Funktionen sind. Auf diesem Wege erfahren die Lernenden, dass Grammatiken das Ergebnis von ‚Systematisierungsbemühungen' verschiedener Menschen sind – der thematisierte Unterrichtsinhalt vertritt folglich einen allgemeinen Sinn- bzw. Sachzusammenhang (vgl. Kapitel 4).
Das an diesem Thema zu Gewinnende lässt sich später als Ganzes sowie in einzelnen Elementen als Moment für fachliche und überfachliche Bereiche fruchtbar machen. Das anhand der ‚Grice'schen Theorie vom Kooperationsprinzip, den Konversationsmaximen und Implikaturen' Vermittelte lässt sich beispielsweise auch im fremdsprachlichen Unterricht nutzbar machen, da sich Grice nicht auf eine bestimmte, sondern prinzipiell auf alle Sprachen bezieht.

3.2. Gegenwartsbedeutung

> Welche Bedeutung hat der betreffende Inhalt bzw. die an diesem Thema zu gewinnende Erfahrung, Erkenntnis, Fähigkeit oder Fertigkeit bereits im geistigen Leben der Kinder meiner Klasse, welche Bedeutung sollte er – vom pädagogischen Gesichtspunkt aus gesehen – darin haben? (Klafki 1963: 136)

Wie wir Beziehungen zu anderen Menschen knüpfen, uns bewusst gegen den Aufbau einer zwischenmenschlichen Beziehung entscheiden, einen Arbeitgeber davon überzeugen, dass genau wir die richtige Person für eine ausgeschriebene Stelle sind, Konflikte lösen, gemeinsame Projekte auf die Beine stellen und deren Durchführung sichern, uns Informationen zu allen möglichen Themenbereichen beschaffen, Diskussionen führen und Standpunkte austauschen, unser Wissen und unsere Fähigkeiten erweitern, geschieht in der Regel im Rahmen bzw. mittels einer spezifischen und kontextabhängigen verbalen Kommunikationssituation. Kommunikation mittels Sprache ist damit ein wesentlicher Bestandteil zwischenmenschlicher Beziehungen und damit auch ein wesentlicher und allgegenwärtiger Bestandteil im sozialen Leben der jungen Erwachsenen. Da die Verbesserung der Sprachkompetenz im Allgemeinen ein hohes Maß an sprachlichem Bewusstsein voraussetzt, sollten die Heranwachsenden während ihrer Schullaufbahn unbedingt die Möglichkeit zu einer differenzierten Reflexionstätigkeit in Bezug auf den menschlichen Sprachgebrauch erhalten. Ziel und Funktion dieser Unterrichtseinheit ist es deshalb, den Schülerinnen und Schülern mittels der ,Grice'schen Theorie vom Kooperationsprinzip, den Konversationsmaximen und den Implikaturen' eine fundierte Einsicht ins menschliche Sprachverhalten zu ermöglichen. Sie können erfahren bzw. die Erkenntnis gewinnen, dass das ,Urphänomen menschliche Kommunikation' mittels Sprache prinzipiell als kooperative Handlung zu verstehen ist, in welcher die Gesprächsteilnehmer bestimmten Regeln folgen, um ein gemeinsames Ziel zu erreichen. Auf diesem Wege erlangen sie ein fundamentales Wissen über den Wert von Sprache und können anschließend außerdem die wesentlichen Merkmale der gesprochenen Sprache benennen und erklären. Durch das Einsetzen einer induktiven Herangehensweise lernen die Schülerinnen und Schüler auf einer reflektorischen Metaebene außerdem, das System der Sprache sowie die sie beschreibenden Grammatiken als lebendige und wandelbare Systeme zu verstehen. Im Allgemeinen, so gibt der Bildungsplan vor, sollte jeder Sprach- und Grammatikunterricht die Schülerinnen und Schüler befähigen, „über die eigene Sprache reflektiert zu verfügen, sich normgerecht auszudrücken und mit Sprachnormen zunehmend kritisch und kompetent umzugehen“ (vgl. Bildungsplan 2004: 78). Da diese Kompetenzen allesamt anhand der Grice'schen Theorie vermittelt werden können (vgl. Kapitel 4), birgt der Unterrichtsgegenstand einen äußerst wertvollen Bildungsgehalt in sich. Die Thematisierung des Gegenstandes in einer zehnten oder elften Klasse des Gymnasiums ist durch eine Rekurrierung auf die gesetzlich vorgegebenen Bildungsstandards zu legitimieren, denn anhand der aktiven Auseinandersetzung mit der Grice'schen Theorie können die Schülerinnen und Schüler der zehnten oder elften Klasse das vom Bildungsplan explizit geforderte und oben erläuterte Sprachbewusstsein entwickeln (vgl. Bildungsplan 2004: 76ff.).

3.3. Zukunftsbedeutung

> Worin liegt die Bedeutung des Themas für die Zukunft der Kinder? (Klafki 1963: 137)

Wie unter 3.2. gezeigt wurde, spielt die menschliche Kommunikation bzw. die Interpretation von Äußerungen bereits eine sehr lebendige Rolle im Leben der Schülerinnen und Schüler. Auch in der Zukunft wird sie eine wichtige Bedeutung haben: Mit zunehmendem Alter ist die Sprachverwendung ein immer wichtigeres Instrument, welches es in immer diverseren Kommunikationssituationen zu verstehen bzw. gezielt und effektiv einzusetzen gilt. Sei es die bevorstehende mündliche Abiturprüfung, die ersten Bewerbungsgespräche oder die immer häufiger auftretenden Gespräche mit wechselnden Gesprächspartnern, z.B. im späteren geschäftlichen Leben der Heranwachsenden. Mithilfe des Erwerbs eines verbesserten Sprachbewusstseins und Sprachwissens durch die vermittelte Einsicht in das menschliche Sprachverhalten verbessern die Schülerinnen und Schüler auf lange Sicht auch ihre Sprachkompetenz.

3.4. Inhalt

> Welches ist die Struktur des (durch die Fragen 1, 2 und 3 in die spezifisch pädagogische Sicht gerückten) Inhaltes? (Klafki 1963: 137)

Der Sinnzusammenhang des Themas wird durch folgende Elemente hergestellt:

a) Kooperationsprinzip,
b) die vier Gesprächsmaximen,
c) konversationelle Implikaturen.

Diese drei Elemente stehen in einem logischen Zusammenhang. Außerdem ist der Inhalt der Grice'schen Theorie geschichtet: Das Kooperationsprinzip und die Konversationsmaximen bilden die erste Schicht, die konversationellen Implikaturen die zweite. Da das Verständnis der zweiten Schicht folglich das Verständnis der ersten Schicht notwendig voraussetzt, muss bei der unterrichtlichen Umsetzung dieser Elemente die Reihenfolge der logischen Schritte von Grice beibehalten werden.

3.5. Zugänglichkeit

> Welches sind die besonderen Fälle, Phänomene, Situationen, Versuche, Personen, Ereignisse, Formelemente, in oder an denen die Struktur des jeweiligen Inhaltes den Kindern dieser Bildungsstufe, dieser Klasse interessant, fragwürdig, zugänglich, begreiflich, ‚anschaulich' werden kann? (Klafki 1963: 140)

Das den Schülerinnen und Schülern zunächst eher fremde Thema soll dadurch in ihren Fragehorizont gerückt werden, dass man ihnen in Form von Videos ineffektive Kommunikationssituationen darbietet. Besonders geeignet sind hierfür Gesprächssequenzen aus ‚Comedy-Serien' – viele Gesprächssituationen sind in diesen eindeutig auf die Verletzung einer bestimmten Maxime ausgelegt, was letztendlich zur Komik der Situation führt und von den Schülerinnen und Schülern daher relativ leicht zu identifizieren ist. Die Schülerinnen und Schüler sollen motiviert werden, ihr (intuitives) Vorwissen einzubringen, indem in Hinblick auf mögliche Ursachen der Ineffektivität der gezeigten Kommunikationssituationen zunächst spontane Ideen gesammelt werden. Überlegungen dazu, wie der Inhalt den Schülerinnen und Schülern im weiteren Verlauf der Unterrichtseinheit zugänglich gemacht werden könnte, finden ihre Erläuterung im folgenden Kapitel.
Die getätigte Beantwortung der fünf Leitfragen der didaktischen Analyse nach Klafki hat deutlich gemacht, dass die Umsetzung der ‚Grice'schen Theorie vom Kooperationsprinzip, den Konversationsmaximen und den Implikaturen' im gymnasialen Deutschunterricht einer zehnten oder elften Klasse zu legitimieren ist.

Im Anschluss an die bildungskategoriale Analyse stellt sich nun die Frage nach einer möglichen methodischen Umsetzung – deren Beantwortung widmet sich das folgende Kapitel.

4. Anregungen zu einer möglichen Variante der unterrichtlichen Umsetzung

In Hinblick auf die folgenden Überlegungen zur Unterrichtsplanung ist vorab zu bemerken, dass jede konkrete methodische Vorbereitung neben der äußeren Differenzierung auch einer inneren Differenzierung bedarf. Ziel ist es, dass jede einzelne Schülerin / jeder einzelne Schüler individuell maximal gefördert wird. Dabei sind individuelles Leistungsvermögen und Lernverhalten Grundlage für differenzierende Maßnahmen auf der inhaltlichen, didaktischen, methodischen und organisatorischen Ebene. Da sich dieser Unterrichtsentwurf jedoch nicht auf eine ‚konkrete Klasse' bezieht, sind die verschiedenen inneren Differenzierungsvariablen unbekannt und müssen daher außer Acht gelassen werden. Aus diesem Grund handelt es sich im Folgenden lediglich um einen allgemeinen unterrichtlichen Realisierungsvorschlag des Kooperationsprinzips, der Konversationsmaximen sowie der konversationellen Implikaturen. Das Hauptziel dieser Unterrichtseinheit ist es, den Lernenden ein sprachwissenschaftliches Thema aus dem Bereich der Pragmatik schülerangemessen näher zu bringen. Über den Einsatz verschiedener Methoden und Sozialformen sollen die Schülerinnen und Schüler aktiviert und zu selbstständigem, nachhaltigem Lernen animiert werden.

Die mögliche Umsetzung dieses Unterrichtsgegenstandes soll in drei Phasen erfolgen: Hinführung zum Thema, Erarbeitung der vier Gesprächsmaximen von Grice und Konversationsanalyse.

Phase 1: Hinführung zum Thema

In der ersten Phase der Unterrichtseinheit zum ‚Grice'schen Kooperationsprinzip, den Konversationsmaximen und den Implikaturen' sollen die Schülerinnen und Schüler zum geplanten Thema hingeführt werden. Es gilt, das Interesse der Schülerinnen und Schüler zu wecken und die Relevanz des Unterrichtstoffes für ihre eigene Lebenswelt aufzuzeigen. Eine Möglichkeit wäre, der Klasse mehrere kurze Videos vorzuspielen. Gezeigt werden können beispielsweise missglückte Gesprächssituationen aus einer ‚Comedy-Serie', in welchen sich ein Gesprächspartner nicht an die Maxime der Modalität oder an die Maxime der Relevanz hält. Die Verletzung dieser Maximen ist in vielen Fällen offensichtlich und ruft in der Regel eine Art Situationskomik hervor, sodass den Schülerinnen und Schülern ein leichter und beschwingter Einstieg in die Materie gewährt werden kann. In dieser Phase erstellt die Lehrkraft mit der Klasse eine Mindmap – gesammelt werden Ideen zu möglichen Ursachen des Misslingens der gezeigten Gesprächssituationen. Die gesammelten Punkte werden an der Tafel festgehalten und in die Hefte der Schülerinnen und Schüler übertragen. Am Ende dieser Phase sollte den Schülerinnen und Schülern klar geworden sein, dass das Scheitern eines Gesprächs in der Regel auf bestimmte Gründe bzw. ein bestimmtes Verhalten eines Gesprächspartners zurückzuführen ist. Sie haben erste Erfahrungen im Bereich der Sprachanalyse gemacht und sind somit besser auf die zweite Phase der Unterrichtseinheit vorbereitet.

Phase 2: Erarbeitung der vier Gesprächsmaximen von Grice

Neben den in Kapitel 3 genannten Kompetenzen soll in dieser Unterrichtseinheit die Autonomiefähigkeit der Schülerinnen und Schüler gefördert werden, denn nur ein selbstständiger und kreativer Umgang mit Sprache führt zu einem verbesserten Sprachbewusstsein und befähigt auf lange Sicht zu bewusstem, differenziertem Sprachgebrauch. In der zweiten Phase dieser Unterrichtseinheit werden die Schülerinnen und Schüler die vier Gesprächsmaximen deshalb durch eine Sprachanalyse in Gruppen von etwa vier Personen selbstständig ermitteln – sie werden somit an der Aufstellung von grammatischen Kategorien bzw. der Konstruktion einer eigenen Teilgrammatik beteiligt. Durch die notwendige Selbstregulierung der Gruppe kann soziales Lernen erreicht werden. Gefördert wird erstens eine positive gegenseitige Abhängigkeit der Gruppenmitglieder, indem diesen bewusst wird, dass die Beiträge jedes einzelnen Gruppenmitglieds entscheidend sind. Zweitens fördert Gruppenarbeit eine Reihe von sozialen und kooperativen Fähigkeiten, die beim individuellen und konkurrierenden Lernen weniger bedeutend sind: Die Schülerinnen und Schüler können sich darin üben, andere ausreden zu lassen, adäquat auf Beiträge zu reagieren, andere zu ermutigen, zu verhandeln und Konflikte zu lösen. Die Lehrperson tritt bei der Gruppenarbeit in den Hintergrund und gibt lediglich Hilfestellung, wenn diese erforderlich ist. Für die Erarbeitung der Gesprächsmaximen können beispielsweise transkribierte Gespräche aus einer politischen Talkshow als authentische Materialien dienen. Da ein Gespräch sich in der Regel in sehr hoher Geschwindigkeit vollzieht, ist an dieser Stelle zunächst die Arbeit mit Gesprächen in transkribierter Form vorzuziehen. In der ersten Phase dieser

Unterrichtseinheit haben die Lernenden erfahren, dass das Scheitern eines Gespräches stets auf bestimmte Gründe bzw. ein bestimmtes (unkooperatives) Verhalten eines Gesprächspartners zurückzuführen ist. An diesem Punkt schließt nun die Gruppenarbeit an. Jede Person innerhalb einer Gruppe analysiert das Gesprächsverhalten bzw. die Gesprächsbeiträge einer Person. Auf diesem Wege wird gewährleistet, dass jedes einzelne Gruppenmitglied gefördert und gefordert wird und anschließend eine möglichst große Vielfalt an herausgearbeiteten Ergebnissen zusammengefügt sowie eine lebendige Diskussion geführt werden kann. Ziel der Gruppenarbeit ist es, dass die Schülerinnen und Schüler selbstständig herausarbeiten, aus welchen Gründen eine Kommunikationssituation scheitert, oder umgekehrt, aus welchen Gründen eine Kommunikationssituation besonders erfolgreich verläuft. Um den Schülerinnen und Schülern ihre Analyse zu erleichtern, könnten folgende Leitfragen gestellt werden: Verläuft die Kommunikationssituation erfolgreich? Weshalb, weshalb nicht? Was macht die zu betrachtende Person gut, was nicht? Verhält sie sich kooperativ – reagiert sie angemessen auf den vorhergehenden Gesprächsbeitrag? Weshalb, weshalb nicht? Ist die Aussageintention der zu betrachtenden Person offenkundig? Weshalb, weshalb nicht? An welcher Stelle wäre ein Beitrag verbesserungswürdig? Weshalb und auf welche Art und Weise? etc.

Nachdem die einzelnen Gruppenmitglieder die transkribierten Gespräche in Hinblick auf diese Fragen analysiert haben, findet der Austausch in der Gruppe statt. Es gilt, alle herausgearbeiteten ‚fehlerhaften' und guten Merkmale der vorliegenden Kommunikationssituation insgesamt vier größeren Themenbereichen zuzuordnen, wobei die Möglichkeit der Erstellung von Subpunkten besteht (eine positive Formulierung wäre eventuell wünschenswert, d.h. die Negativbeispiele für ein unkooperatives Gesprächsverhalten sollten mittels ihrem positiv formulierten Analogon dargestellt werden). Auf diesem Wege gelangen die Gruppen selbstständig zu ihrer eigenen Aufstellung der Grice'schen Konversationsmaximen. Am Ende dieser Arbeitsphase findet eine frontalunterrichtliche Ergebnissicherung statt: Die von den Gruppen erstellten Kategorien werden gesammelt, verfeinert und gemeinsam zu konkreten Definitionen ausgebaut. Es ist vorerst nicht notwendig, dass die Schülerinnen und Schüler die genaue Terminologie von Grice kennen, wichtig ist jedoch, dass die Definitionen der Klasse ihrem Wesen nach den vier Gesprächsmaximen von Grice entsprechen. An dieser Stelle bietet sich eine Thematisierung des Kooperationsprinzips an. Es sollte den Schülerinnen und

Schülern klar werden, in welchem Zusammenhang dies mit den Gesprächsmaximen steht.

Das Unterrichtsvorhaben in dieser zweiten Phase orientiert sich am induktiven Modell der Grammatikvermittlung. Die Klasse wird aktiv und konstruktiv am Umgang mit dem Unterrichtsinhalt beteiligt. Außerdem können die Schülerinnen und Schüler mittels dieser induktiven Herangehensweise zu dem Verständnis gelangen, dass Grammatiken das Ergebnis von Systematisierungsbemühungen verschiedener Menschen sind, d.h. sie lernen, die Grammatik als lebendiges System zu verstehen. Dies bedarf eventuell einer ergänzenden Erläuterung durch die Lehrperson (Vergleich der deskriptiven Absichten von Grice mit der getätigten Arbeit der Schülerinnen und Schüler).

Phase 3: Konversationsanalyse

In der zweiten Phase haben die Schülerinnen und Schüler die vier Gesprächsmaximen herausgearbeitet. In der dritten Phase der Unterrichtseinheit geht es nun darum, dass die Lernenden die selbstständig aufgestellten grammatischen Kategorien in einem möglichst authentischen Handlungszusammenhang erkennen und eine Einsicht in die Funktionen dieser Kategorien bekommen. Ziel ist folglich die Erkennung der Befolgung oder Missachtung bzw. Verletzung der vier Gesprächsmaximen in einem authentischen Gespräch. Die Schülerinnen und Schüler wenden ihr neu erworbenes Wissen auf ein neues Problem (die gesprochene Sprache) an, indem sie mit ihrem selbstständig erworbenen Instrumentarium eine Analyse der menschlichen Konversation durchführen. Als Materialien können Gesprächssequenzen aus ‚Daily Soaps' oder Spielfilmen in Form von Videos zur Verfügung gestellt werden.[1] Insbesondere Streitgespräche oder Diskussionen eignen sich für eine derartige Analyse. Die Schülerinnen und Schüler finden sich erneut in Gruppen zusammen. Um die Klassengemeinschaft und diverse soziale Kompetenzen fördern zu können, sollten die Gruppen neu gemischt werden. Das in vorigen Stunden erworbene Wissen befähigt die Schülerinnen und Schüler dazu, sich differenziert mit der kommunikativen Performanz der am Interview beteiligten Personen auseinanderzusetzen. Auf diesem Wege werden sowohl das Sprachbewusstsein als auch die Kritikkompetenz der Schülerinnen und Schüler in Hinblick auf die Analyse

[1] Zwar handelt es sich hierbei nicht um tatsächlich authentisches Gesprächsmaterial, aber dennoch um eine dem Unterrichtsvorhaben dienliche und angemessene Variante von pseudo-authentischen Kommunikationsinteraktionen.

menschlicher Kommunikation gefördert. Es wird den Lernenden ermöglicht, ihr erweitertes Urteilsvermögen in authentischen Handlungszusammenhängen anzuwenden. Thematisiert werden sollten in dieser Phase auch die konversationellen Implikaturen. Dies kann folgendermaßen geschehen: Die Lehrperson zeigt unter anderem einige Kommunikationssituationen, in welchen konversationelle Implikaturen zustande kommen. Auch ohne einen vorausgehenden expliziten Wissenserwerb in Bezug auf das Phänomen von konversationellen Implikaturen wird den Schülerinnen und Schülern bei der Analyse auffallen, dass es Situationen gibt, in welchen eine Kommunikation erfolgreich verläuft, obwohl ein augenscheinlicher Verstoß gegen eine Maxime (oder gleichzeitig auch gegen mehrere Maximen) vorliegt. Weshalb wird die Aussage dennoch verstanden? Weshalb verhält sich der Interlokutor dennoch kooperativ? In ihren Arbeitsgruppen sollen die Lernenden selbstständig versuchen, dieses Phänomen zu erklären. Das zuvor erarbeitete Wissen über das Kooperationsprinzip und über die vier Konversationsmaximen gibt den Lernenden hierbei einen hilfreichen interpretatorischen Rahmen vor. Einen Platz finden sollten in diesem Zusammenhang auch spezifische sprachliche Phänomene wie Tautologien, Ironie und Sarkasmus etc. Die dritte Phase schließt ebenfalls ab mit einer frontalunterrichtlichen Ergebnissicherung, in welcher gemeinsam offene Fragen und Uneindeutigkeiten geklärt werden können. Die Lehrperson muss unbedingt sicherstellen, dass auch das neu hinzugekommene und von den Lernenden selbstständig erarbeitete Phänomen der konversationellen Implikaturen verstanden worden ist. Ein exemplarischer Abgleich mit einem modellhaften Schlussprozess zur Ermittlung einer konversationellen Implikatur kann an dieser Stelle hilfreich sein.

5. Zusammenfassung

Zum ‚Beherrschen' einer Sprache gehört wie mehrfach erwähnt nicht nur die formale Grammatik, sondern auch die Fähigkeit zu einem selbstständigen, bewussten Umgang mit der Sprache im Hinblick auf deren pragmatische Bedeutung und Verwendung. In dieser Arbeit wurde gezeigt, dass Schülerinnen und Schüler der gymnasialen zehnten oder elften Klasse diese Fähigkeit anhand der Auseinandersetzung mit der ‚Grice'schen Theorie vom Kooperationsprinzip, den Konversationsmaximen und den Implikaturen' erwerben können. Wie in der bildungskategorialen Analyse ausführlich dargelegt wurde, ist die Integration dieser Theorie in den gymnasialen Deutschunterricht aus verschiedensten Gründen nicht nur legitimierbar, sondern auch wünschenswert. Nach Grice sind die Gesprächsmaximen keine moralisierenden Konventionen, sondern sie beschreiben rationale Strategien für einen kooperativen, verbalen Informationsaustausch. Den Schülerinnen und Schülern kann somit durch die Vermittlung dieses Unterrichtsgegenstandes ein ‚Werkzeug' an die Hand gelegt werden, mit dem sie in unterschiedlichen Handlungskontexten differenziert über das menschliche Sprachverhalten reflektieren und somit zu einem verbesserten Sprachbewusstsein gelangen können. Mithilfe des Erwerbs eines verbesserten Sprachbewusstseins verbessern die Lernenden auf lange Sicht auch ihre Sprachkompetenz. Sie können ferner erfahren, dass Grammatiken das Endergebnis von ‚Systematisierungsbemühungen' verschiedener Menschen sind und gelangen auf diesem Weg zu der Erkenntnis, dass das System der Sprache als lebendiges und wandelbares System zu verstehen ist. Im Verlauf der explizierten Unterrichtseinheit können die Schülerinnen und Schüler darüber hinaus ihre Autonomiefähigkeit, ihre analytischen Fähigkeiten sowie ihre Kritikkompetenz ausbauen. Die ‚Grice'sche Theorie vom Kooperationsprinzip, den Konversationsmaximen und Implikaturen' weist insgesamt eine hohe und damit intrinsisch motivierende Relevanz zum gegenwärtigen und zukünftigen Leben der Schülerinnen und Schüler auf und lässt sich zudem prinzipiell für alle fremdsprachlichen Fächer fruchtbar machen. Wie mit den Anregungen zu einer möglichen Variante der unterrichtlichen Umsetzung gezeigt werden konnte, ergibt sich die Attraktivität des vorgeführten Unterrichtsgegenstandes außerdem nicht nur durch seinen wertvollen Bildungsgehalt – die Integration der ‚Grice'schen Theorie' kann sowohl für die Klasse als auch für die Lehrperson eine willkommene Abwechslung im traditionellen Kanon des gymnasialen Deutschunterrichts darstellen.

Literaturverzeichnis

Ernst, P. (2002): *Pragmalinguistik: Grundlagen, Anwendungen, Probleme*. Berlin.

Grice, H. P. (1970): *Logic and Conversation*. Harvard-Universität.

Heinrich, C. (in diesem Band): Konjunktiv II. Antiquierte Sprachform oder lohnender Unterrichtsgegenstand, 95-104.

Klafki, W. (1963): *Studien zur Bildungstheorie und Didaktik*. Weinheim.

Köller, W. (1988): *Philosophie der Grammtik. Vom Sinn grammatischen Wissens*. Stuttgart.

Meibauer, J. (2001): *Pragmatik: eine Einführung*. Tübingen.

Meibauer, J. u.a. (2002): *Einführung in die germanistische Linguistik*. Stuttgart.

Rothstein, B. (2010): *Sprachintegrativer Grammatikunterricht Zum Zusammenspiel von Sprachwissenschaft und Sprachdidaktik im Mutter- und Fremdsprachenunterricht*. Tübingen.

ibidem-Verlag

Melchiorstr. 15

D-70439 Stuttgart

info@ibidem-verlag.de

www.ibidem-verlag.de
www.ibidem.eu
www.edition-noema.de
www.autorenbetreuung.de

Zeitfracht Medien GmbH
Ferdinand-Jühlke-Straße 7
99095 Erfurt, Deutschland
produktsicherheit@kolibri360.de